ELES, OS JUÍZES,

VISTOS POR UM ADVOGADO

ELES, OS JUÍZES,

VISTOS POR UM ADVOGADO

Piero Calamandrei

Introdução de Paolo Barile

Tradução
EDUARDO BRANDÃO

Martins Fontes
São Paulo 2000

1ª edição
junho de 1995
5ª tiragem
fevereiro de 2000

Tradução
EDUARDO BRANDÃO

Revisão técnica
Sérgio Sérvulo da Cunha
Revisão gráfica
Teresa Cecília de O. Ramos
Andréa Stahel M. da Silva
Produção gráfica
Geraldo Alves
Capa
Roberto Innocenti

Dados Internacionais de Catalogação na Publicação (CIP)
(Câmara Brasileira do Livro, SP, Brasil)

Calamandrei, Piero.
Eles, os juízes, vistos por um advogado / Piero Calamandrei ; [tradução Eduardo Brandão]. – São Paulo : Martins Fontes, 1995.

Título original: Elogio dei giudici scritto da un avvocato.
ISBN 85-336-0401-7

1. Advogados – Itália 2. Juízes – Itália 3. Justiça I. Título.

95-1842 CDU-347.96(450)

Índices para catálogo sistemático:
1. Itália : Advogados e juízes 347.96(450)
2. Itália : Juízes e advogados 347.96(450)

Livraria Martins Fontes Editora Ltda.
Rua Conselheiro Ramalho, 330/340
01325-000 São Paulo SP Brasil
Tel. (11) 239-3677 Fax (11) 3105-6867
e-mail: info@martinsfontes.com
http://www.martinsfontes.com

O presente volume foi traduzido da
4ª edição de *Elogio dei Giudici*,
publicada em 1959, da qual se reproduz
também o projeto gráfico.

INTRODUÇÃO

Volta, pois, a ser publicada esta nobilíssima obra de Piero Calamandrei, que apaixonará quem estiver interessado no eterno problema da justiça terrena, em particular a que hoje se administra na Itália. Reler – ou ler pela primeira vez – o que escrevia um grande Mestre de vida, antes mesmo que de direito, nos anos entre 1935 e 1956, numa série de anedotas e de considerações cheias de humor, provoca no leitor (em qualquer leitor, mesmo sem experiência jurídica) uma emoção de grande descoberta. As edições deste livro foram quatro: a primeira saiu em 1935; a segunda, em 1938; a terceira, em 1954; a quarta (póstuma), em 1959 – um arco de tempo que vai da conquista do "império" abissínio à primeira sentença da Corte constitucional desta República, nascida da negação do fascismo e da Resistência. A primeira e a segunda edições são quase idênticas; a terceira é mais que duas vezes maior, com o acréscimo de novos parágrafos e, até, de novos capítulos.

Os acréscimos da terceira edição, a do pós-guerra, distinguem-se facilmente do texto primitivo pelos asteriscos que precedem os novos parágrafos. A distinção permitirá avaliar mudanças modestas ou de monta no modo de ver de Calamandrei. Sobre isso, gostaria de reter brevemente a atenção do leitor, se a impaciência da leitura da cativante prosa do Mestre florentino não o levar a desprezar o que estou para dizer.

* * *

Calamandrei tinha plena consciência da importância das suas considerações sobre a justiça na Itália. Assim, os dois prefácios deste livro, destinado apenas a "tirar proveito das experiências forenses [...] de um período de excepcionais cataclismos, em que a justiça também teve suas catástrofes (mas igualmente suas vitórias)", sublinhavam, o primeiro, o significado da palavra "elogio" (dos juízes) – não servilismo, mas louvores "com discrição", "sorrindo sem ofender e com indulgência das fraquezas humanas", mas afirmando com vigor que "só onde os advogados são independentes, os juízes podem ser imparciais" (era 1938) e que o livro, "mais que o elogio dos juízes ou dos advogados, será o elogio da justiça e dos homens de boa vontade que, sob a toga do juiz ou a beca do advogado, dedicaram sua vida a servi-la"; o segundo, de 1954, a manutenção do título ("com mais convicção do que antes", devido à "continuidade de uma magistratura que permaneceu fundamentalmente sadia"). Mas, na verdade, o juízo de Calamandrei sobre os magistrados (e sobre a justiça na Itália) não permanecera o mesmo, como se verá.

* * *

O primeiro capítulo tem como título a fé nos juízes, primeiro requisito dos advogados. É um requisito que também é uma obrigação, senão lhes faltaria a fé em conseguir um resultado justo ("para encontrar a justiça, é preciso ser-lhe fiel"); mas não basta ter razão, também cumpre "encontrar quem a entenda e a queira dar", segundo um ditado toscano. Quando se encontra um juiz dessa espécie, poderá acontecer também que – como a prática forense ensina – ele favoreça a parte que parece mais mal defendida. Então, a quem escarnecer do advogado que, com quarenta anos de profissão, não cessa de "acreditar na justiça", o Autor responderá (na terceira edição) que, se é impossível banir "a injustiça universal, que é a regra eterna de toda a vida", é possível, porém, obtê-la concretamente: "a justiça existe, é preciso que exista, quero que exista. Vocês, juízes, têm de me ouvir". Vontade e razão que lutam entre si: a primeira deve vencer.

Da "etiqueta" judiciária trata o segundo capítulo. O advogado "deve ter os nervos bastante sólidos para ser capaz de agradecer com uma polida reverência ao presidente arrogante que lhe corta a palavra". Não agrada à justiça "a cara feia", que é "uma parede"; "o sorriso é uma janela", através da qual as pessoas conseguem se comunicar. A força da razão, mais uma vez.

No capítulo sobre as semelhanças e as diferenças entre juízes e advogados, expõe-se antes de mais nada a diversidade fundamental: o magistrado, diferentemente do advogado, é chamado a julgar, e a função do juiz "é quase divina", de modo que ele "deve estar tão seguro do seu dever que esqueça, cada vez que pronuncia a sentença, a admoestação eterna que lhe vem da Montanha: *Não julgarás*".

Daí nasce, de resto, a "soberba" do juiz, que o acompanha inclusive quando, ao sair da magistratura, ele quiser, mudando repentinamente de profissão, exercer (em regra, mal) a advocacia; ou quando se confiar a um advogado como cliente ("a mais grave desgraça que pode acontecer a um advogado é ter como cliente um magistrado").

Calamandrei foi, como todos sabem, um grande orador. Da oratória forense trata o quarto capítulo. Nele, explica como ela deve ser, toda fatos e raciocínios, sem "ornamentos retóricos inúteis ou falazes", que trazem consigo o risco de fazer os oradores ficarem "suspensos ao moinho de vento de sua própria eloqüência". Como ensiná-la aos jovens? Obrigando-os, na faculdade de Direito, a expor várias vezes questões complexas num tempo determinado, cada vez mais breve – sugestão preciosa, que muitos de nós (e eu mesmo) seguiram com sucesso nos seminários universitários. Mas, afinal, os arrazoados, ou defesas orais, no processo civil, são úteis ou não? Na terceira edição, Calamandrei diz que já não tem muita fé na escuta dos juízes: a brevidade das defesas, acrescenta, talvez seja o meio mais seguro para ganhar as causas. De fato, o juiz preguiçoso será grato ao defensor sucinto, "que reduziu ao mínimo sua fadiga", e será induzido "a lhe dar razão, mesmo que esteja errado. A brevidade e a clareza, quando conseguem estar juntas, são os meios seguros para corromper honestamente o juiz". Evidentemente, as experiências pós-bélicas não tinham sido muito agradáveis; neste livro, figura o célebre episódio, que realmente aconteceu no Tribunal de Cassação (sou testemunha dele), daquele presidente que, com um gesto ("unindo as pontas dos cinco dedos como as folhas de uma alcachofra"), convidou Calamandrei a concluir um arrazoado apenas começado e que ainda não chegara "ao ponto-chave da argumentação". A resposta foi: "Presidente, se eu estivesse lendo, poderia ler uma linha sim e uma não, mas *é* que estou falando" (assim disse textualmente Calamandrei; a resposta, no livro, é mais "em italiano").

Os juízes, de resto, vingam-se de quem fala demais assumindo aquela "imobilidade" que dá o título ao quinto capítulo. O sono dos juízes às vezes é "premeditado", para não ouvir raciocínios que os demovam de uma decisão já formada (talvez favorável à parte de que está para cortar a palavra e que poderia apresentar argumentos contraproducentes); outras vezes, é involuntário, quando o advogado não deixa entrever, em seus olhos, "a luz de uma consciência convicta" (é justo: o advogado que não acredita numa causa não pode debatê-la oralmente, porque, diante do adversário e do juiz atento, não pode tentar sustentar aqueles bizantinismos que, por escrito, pôde – talvez até elegantemente – expor). Também "gosto do juiz que, enquanto falo, me interrompe"; não só porque assim sei quais são, segundo ele, os pontos-chaves do problema sobre os quais devo, portanto, deter-me, mas também porque – quando a interrupção convida cortesmente a concluir – compreendo que ganhei a causa (muitos juízes dão aos advogados que estão para perder a satisfação de não lhes cortar a palavra). Mas, na terceira edição, Calamandrei arrelia-se com os juízes que não seguem quem está falando: os óculos escuros adotados por muitos magistrados demonstram que "precisam da penumbra para dormir".

Não quero, porém, ilustrar o livro capítulo por capítulo. A parcialidade dos advogados pertence obviamente às características da sua profissão; os patronos contrapostos podem estar, ambos, de boa-fé, pois "cada um representa a verdade como a vê, colocando-se do ângulo visual de seu cliente". Da sua parcialidade – isto é, do contraditório que dela nasce – deriva a imparcialidade do juiz; ela é, portanto, essencial para se alcançar a justiça. *Audiatur et altera pars* é a regra de ouro que os antigos punham como base do processo: mesmo quando a verdade parece saltar impetuosa do relato de uma parte, é sempre necessário ouvir a outra, que às vezes é capaz de desmontar completamente a primeira versão.

O aspecto mais difícil da profissão liberal é a relação entre advogado e cliente. O cliente não deve tomar iniciativas não combinadas com o patrono, nem pretender, de um modo ou de outro, impor-lhe suas diretivas técnicas. O cliente, dizia Calamandrei (mas não escreveu), tem um só direito: o de mudar de advogado. No entanto, se, antes da guerra, Calamandrei mostrava certa tolerância – como quando conta da senhora que lhe diz que, a dar seus cobres àquele assassino (o marido), prefere que os advogados os devorem (na linguagem dos clientes, comenta Calamandrei, essas frases querem dizer que você é, para eles, um príncipe do fórum) –, em 1954 atinge o humor negro, quando conta a anedota daquele advogado que, chamado a discutir uma causa numa cidade balneária do Sul, se permite tomar um banho de mar assim que chega lá, para desespero do cliente vestido de preto que, "enxugando o suor na portaria, pensava: 'Você é pago para defender-me, não para tomar banho de mar: primeiro defenda-me, depois se afogue' ". E o que dizer da litigiosidade dos clientes? O bom civilista sempre incita à negociação ("o advogado probo deve ser, mais que o clínico, o higienista da vida judiciária", na medida em que realiza "um trabalho diário de desinfecção da litigiosidade"). Mas nós, advogados, encontramos com freqüência o cliente litigioso, "que gosta dos processos porque renovam nele, gradativamente, a ansiedade da expectativa", e devemos aprender a distinguir "a santa altivez que manda não baixar a cabeça diante da prepotência" da "baixa e petulante litigiosidade, que repele todo senso de tolerância social e de compreensão humana". E pode até acontecer que o cliente de um advogado, que recusou a causa por considerá-la indefensável, a ganhe com outro advogado, e diga do primeiro que é "mais honesto que corajoso".

Na última edição, o autor de um famoso ensaio a respeito do "processo sob o pesadelo fiscal" chega a afirmar: "Quão pouco honrada é a justiça na Itália, demonstram-no as vexatórias barreiras fiscais que a cada passo obstruem o caminho que leva até ela". E acrescenta: "As taxas judiciárias constituem um verdadeiro regime de protecionismo, para não prejudicar a produção nacional, muito florescente, da injustiça".

Há finas e argutas anotações sobre questões de fato e de direito, de sentimento e de lógica, de "amor" entre advogados e juízes. O leitor apreciará a ironia sobre "as elegantes questões de direito", definidas como "inúteis parênteses de bravura e de agilidade", comparáveis àquelas "acrobáticas variações com que certos virtuoses do violino gostam de embaraçar no meio o fio da sonata" (pobres cadências! Calamandrei não apreciava muito a música). Na realidade, ele levantava com freqüência questões de direito de altíssimo valor, que haviam de todo escapado aos patronos precedentes e davam um desenrolar completamente diferente a causas até então maltratadas por advogados incapazes, mas seu pragmatismo só o levava a levantá-las quando fundamentais para a decisão da causa, nunca por senso estético. Pela mesma razão, as sentenças não devem ser "bonitas", mas simplesmente "justas": a "palavra desornada da justiça", diz Calamandrei, "desdenha as belas frases e se exprime por monossílabos". Daí é fácil a passagem ao "sentimento" e à "lógica" da sentença. O "senso da justiça" é definido como uma "misteriosa e clarividente virtude de intuições", como uma "virtude inata, que nada tem a ver com a técnica do direito". Na verdade, ante essas afirmações, podemos nos perguntar se não existe uma contradição entre a exaltação das virtudes dialéticas do direito e do processo, e o reconhecimento de uma "virtude" que, baseada em mistérios (mas onde vai parar então a busca da verdade?) e intuições clarividentes (obviamente sobre o futuro e, portanto, sobre o êxito da operação jurídica), levaria à justiça, que automaticamente permaneceria estranha ao direito (mas o problema da justiça-injustiça fica sem solução e, talvez, só a possa ter para quem crê numa justiça divina).

Nos primeiros anos do pós-guerra, nos processos políticos, houve algumas decisões que foram chamadas de "suicidas"; por exemplo: a maioria dos jurados decidia pela condenação, e o redator da sentença (sempre um magistrado de carreira) às vezes a redigia – quando era de parecer contrário à maioria – de modo voluntariamente errado, a fim de proporcionar fáceis ocasiões de crítica e de reforma em apelação. Comenta Calamandrei: "Esse protesto sorrateiro em que o juiz redator traía a vontade da maioria do colégio [...], mais que uma deslealdade, era um ato de sedição".

Enfim, encerrando esta parte dedicada ao "sentimento", recorde-se o "amor" recíproco entre juízes e advogados. "O coração do advogado é todo para o tribunal, cruz e delícia da sua vida." A reminiscência verdiana descreve um verdadeiro *leitmotiv* seu (ainda que, em seguida, ele perceba que alguns juízes, seus ex-alunos, gostam de não lhe dar ganho de causa para lhe demonstrarem que são melhores do que ele).

O décimo segundo capítulo aparece pela primeira vez na terceira edição; de fato, teria sido difícil encarar o tema das "relações (boas ou más) entre a justiça e a política" sob o fascismo. Mas nele se fala tanto de ontem como de hoje, porque o cerne da argumentação é comum às ditaduras e às democracias: o juiz, chamado a aplicar uma lei, "como homem, é levado a julgá-la: conforme sua consciência moral e sua opinião política a aprove ou a reprove, ele a aplicará com maior ou menor convicção, isto é, com maior ou menor fidelidade. A interpretação das leis deixa ao juiz certa margem de opção; dentro dessa margem, quem comanda não é a lei inexorável, mas o coração mutável do juiz" (a menos, diria eu, que o coração do juiz não seja perturbado pelas exigências estranhas da máxima napolitana segundo a qual "as leis se aplicam; para os amigos, se interpretam"). Ora, Calamandrei afirma que, sob o fascismo, os juízes (em geral) não interpretavam a lei "com coração fascista"; por exemplo, as leis raciais foram interpretadas atenuando sua infâmia e mitigando sua crueldade, ao passo que, hoje, eu "gostaria de crer" que a interpretam "com espírito democrático" (mas, "para os juízes habituados durante vinte anos a pensar que deste lado estão os bem-pensantes e daquele os subversivos, é difícil persuadir-se de que hoje os papéis se tenham invertido"). Contudo, o perigo, novo, que hoje paira sobre os magistrados é a politização, ou, pior, sua partidarização, porque o magistrado que confunde sua cadeira com um palanque de comício "deixa de ser magistrado". A conclusão é amarga sobre os dias de hoje: "Daria vontade de dizer que, para um magistrado, é mais difícil manter sua independência em tempos de liberdade do que em tempos de tirania". Calamandrei não dá exemplos atuais; mas vêm à mente de todos, de um lado, as decisões da Cassação penal de 1950, que quase nunca acharam "particularmente ferozes" as sevícias a que os fascistas submetiam suas vítimas, sevícias que os deveriam ter excluído da aplicação da anistia de Togliatti; e, de outro, os primeiros "pretores de assalto", que se consideravam vanguardas da luta de classe.

A ordem judiciária não é um "ramo da burocracia", mas uma "ordem religiosa": é o título de um capítulo, novo também, da edição do pós-guerra. Que indica como as "fraquezas humanas" são "inconcebíveis num magistrado. Não falemos da corrupção ou do favoritismo, que são delitos; até mesmo as mais leves nuances de preguiça, de negligência, de insensibilidade, quando se encontram num juiz, parecem graves culpas". Que diria hoje o autor, se estivesse vivo? "Os juízes são como os membros de uma ordem religiosa: é preciso que cada um deles seja um exemplo de virtude, se não se quiser que os crentes percam a fé" (já em 1938 Calamandrei escrevera que "o juiz que se acostuma a administrar justiça é como o sacerdote que se acostuma a dizer missa").

O conformismo talvez seja o pior dos vícios dos juízes: aquele "lento esgotamento interno das consciências, que as torna aquiescentes e resignadas"; aquela "crescente preguiça moral que prefere cada vez mais à solução justa a acomodadora"; em suma, "o terror da própria independência". Tudo isso favorecido pelo segredo da câmara de conselho, instituição tipicamente italiana, privada daqueles temperos introduzidos desde sempre na justiça anglo-saxã e condimentada por uma freqüente "soberba profissional", por pecados de orgulho e de amor-próprio, por uma "baixa inveja", igualmente freqüente, dos advogados.

As farpas de Calamandrei não poupam a arquitetura e a decoração forense. O próprio crucifixo, que aparece em toda sala, enquanto "símbolo doloroso do erro judiciário", aparece como "símbolo, não de fé, mas de desespero", de desconfiança para com a atuação da justiça humana. Os arquitetos fazem salas de julgamento enormes e pomposas, colocando o banco dos advogados a grande distância do assento dos juízes, e se esquecem de construir as salas de conselho (não é uma piada: o Palácio da Justiça romano foi construído sem salas de conselho ao lado das salas de sessão).

Tristezas e heroísmos da vida dos juízes são percorridos, aqui, junto com as tristezas e heroísmos da vida dos advogados; diante da necessária solidão do juiz está a profissão "de caridade" do advogado, que é chamado a "fazer companhia a quem se encontra face a face com a dor". Ouvir os clientes é o ofício indubitavelmente mais duro para o advogado, que deve superar as dificuldades de caráter e de compreensão para que o "caso" do cliente se torne "seu" caso: "Quando o cliente vai embora, o mundo do advogado fica povoado por uma nova experiência, ou seja, por mais um pesar, mas também por mais uma razão para sentir-se afeiçoado à vida". E os destinos dos advogados e dos juízes acabam coincidindo: como o magistrado, também "o verdadeiro advogado, aquele que dedica toda a sua vida ao patrocínio, morre pobre". E pobre morreu Piero Calamandrei.

* * *

O leitor encontrará, pois, prazer e diversão ao avançar por estas páginas, das quais salta um quadro muito vivo e cheio de realismo, iluminado por uma escolha anedótica profissional e por uma rica seara de regrinhas preciosas sobre a difícil convivência entre os dois bancos da audiência: "O advogado deve saber sugerir de forma discreta ao juiz os argumentos que lhe dêem razão, de modo que este fique convencido de os ter encontrado por conta própria"; "o cliente não sabe que, muitas vezes, depois de uma vitória, deveria ir abraçar comovido não seu advogado, mas o advogado adversário"; útil é aquele advogado que "não aborrece os juízes com a sua prolixidade e não os deixa suspeitosos com a sua sutileza". A independência dos juízes "é um duro privilégio, que impõe, a quem o desfruta, a coragem de ficar a sós consigo mesmo, face a face, sem se esconder atrás do cômodo biombo da ordem do superior". Num discurso de 19 de janeiro de 1953, proferido diante do primeiro presidente (Vincenzo Galizia) e do procurador-geral do Tribunal de Cassação (Ernesto Eula), em fase de publicação, editado por M. Galizia, Calamandrei insistia no motivo da comunhão das vidas paralelas: "O segredo da justiça está em sua *humanidade sempre maior* e em uma *proximidade humana* sempre maior entre advogados e juízes, na luta comum contra a dor. De fato, o processo, e não só o processo penal, *de per si* é uma pena, que juízes e advogados devem abreviar, administrando justiça".

As mais belas páginas são aquelas sobre a "paixão do advogado". Mais uma vez o agnóstico Calamandrei evoca a Montanha: "Bem-aventurados os que têm fome e sede de justiça". E de "desesperado amor pela justiça" Calamandrei falava, ao fazer a resenha, em "Il Ponte" de março de 1956, do livro de um magistrado, Dante Troisi (quem recorda isso é A. Galante Garrone).

Veja, leitor, a vinheta deste livro: uma balança, em que o prato que contém uma rosa é mais pesado que o que contém um código: a poesia vence o direito.

PAOLO BARILE
Setembro de 1989

PREFÁCIO À TERCEIRA EDIÇÃO

A uma distância de quase vinte anos da segunda edição, há tempo esgotada, esta terceira edição pode tirar proveito das experiências forenses, anotadas dia a dia, de um período de excepcionais cataclismos, em que a justiça também teve suas catástrofes (mas igualmente suas vitórias): o período das perseguições políticas e raciais, a guerra externa e interna, a longa agonia da passagem da ditadura à liberdade, depois a cansativa década do pós-guerra, durante a qual sucedeu infelizmente que os escândalos judiciários se tornaram, pouco a pouco, a arma preferida das lutas partidárias. Duras provas também para a Magistratura; melhor dizendo, mais mortais e angustiantes para ela do que para qualquer outra ordem das funções públicas, porque em tempos de tirania ou de ódios civis irrefreados parece que falta o terreno em que possa deitar raízes qualquer forma de justiça ordenada e imparcial.

Por isso, ante o anúncio desta terceira edição, ouço formularem-me de várias partes a mesma pergunta irônica: – Ainda hoje, depois da experiência destes últimos vinte anos, você se obstina em manter o título do livro? Ainda hoje, depois do tribunal especial ou dos tribunais extraordinários da república de Salò*, você insiste no "elogio dos juízes"?

Respondo: – O título permanece o mesmo, e com mais convicção do que antes.

Não chamo de juízes aqueles do tribunal especial ou dos tribunais extraordinários: o nome adequado para eles, disse-o morrendo um magistrado, o procurador-substituto Pasquale Colagrande, quando, no amanhecer de 15 de novembro de 1943, saiu com passo firme da prisão do Castelo Estense, de Ferrara, para ir ao encontro dos fuziladores a postos. Dizem que seu cadáver foi encontrado com os punhos cerradamente fechados e que a última palavra por ele lançada àquele grupo de sicários foi esta: "Assassinos!" E não foi uma imprecação, mas uma sentença.

Eu não falo dos assassinos. O nome de "juiz" é um nome honesto e austero, como aquele que distingue uma ordem religiosa. Eu falo dos juízes da Magistratura italiana, daquela de todo o povo, não de um partido, daquela a que pertencia Pasquale Colagrande. Atingido pela luz violenta do martírio em seu obscuro posto de trabalho, ele era apenas um dos mil togados que, mesmo nos tempos de terror, permaneceram a testemunhar com a assídua obra de

* Cidade da Lombardia que foi sede do governo fascista entre 1944-45. (*N.T.*)

cada dia aquela continuidade da justiça que basta por si só, enquanto sobrevive, para fazer sentir que ainda não chegou o momento de considerar tudo irremediavelmente perdido.

Se a vida do Estado não se precipitou no caos e logo depois da libertação pôde ver a ordem restabelecida com uma rapidez que pareceu milagre, para tanto contribuiu de maneira decisiva a continuidade de uma Magistratura que permaneceu fundamentalmente sadia, mesmo através da mortificação do vintênio e, por isso, mesmo depois da derrocada universal, sendo reconhecida digna de ligar, como uma ponte construída sobre o abismo, o passado ao futuro, o antigo ao novo. Não se trata de elogio (ou de crítica) ao comportamento dos magistrados individualmente; é uma avaliação que atinge o tipo, o caráter moral de toda a Magistratura, a qual, ainda que tenha tido, durante o vintênio, suas sombras e suas fraquezas individuais, foi certamente, como corpo, melhor do que todas as ordens constituídas, aquele que continuou a considerar seu ofício como uma missão e como um empenho de fidelidade, que se pode pagar até com a prisão e com a morte. *La trahison des clercs** teve menor contribuição dos juízes do que de qualquer outra categoria de intelectuais.

Os problemas jurídicos da Magistratura só entram por tabela nas páginas deste livro. O elogio não

* A traição dos letrados. (*N.T.*)

é às leis, mas à condição humana do magistrado italiano, a essa ordem de ascetas civis condenados, numa sociedade que despreza cada vez mais os valores morais, à solidão, ao isolamento, em certos períodos também à miséria e à fome, e no entanto capazes de permanecer com dignidade e discrição em seu posto, inclusive em tempos de ruína geral, para tentar introduzir nas fórmulas impiedosas das leis a compreensão humana da razão iluminada pela piedade.

Mas, ao ultimar esta terceira edição, ao lado de Pasquale Colagrande, não posso deixar de me inclinar em memória de outros vultos amigos, porque me parece que neles a morte fixou para sempre as mais nobres virtudes da Magistratura.

Um deles é Pasquale Saraceno, desembargador da Corte de apelação de Florença, onde, em 1944, chegara ainda bem jovem, por concurso, vindo da pretura* de Viareggio. Conheci-o nos anos da guerra, quando ainda era pretor, e vinha visitar-me com freqüência em minha casa da praia. Passávamos longas horas a discutir os problemas de direito, para buscar um refúgio e uma diversão contra aquela angústia que nos oprimia cada vez mais. Ele estava completamente absorvido pelos problemas da busca da verdade no processo penal, o erro judiciário era sua obsessão. Pedira ao Ministério, com ingênua seriedade, a per-

* Espécie de tribunal de pequenas causas, que julga inclusive delitos penais menores. (*N.T.*)

missão de ser encerrado com nome falso por alguns meses num cárcere, entre os delinqüentes comuns, para avaliar com a experiência seus sofrimentos e procurar na realidade do cárcere a justificação (se é que ela existe) da pena. Sobretudo, perturbava-o a idéia do pobre, preso nas engrenagens da justiça, que não tem meios nem cultura para se defender, mesmo sendo inocente; e parecia-lhe que a justiça e o patrocínio, tal como organizados em nosso país, freqüentemente se reduziam a um privilégio dos ricos. Também ele terminou de um modo que, repensando-o agora, me parece cheio de significados simbólicos. Durante as semanas da batalha de Florença, enquanto nas ruas próximas do centro os *partigiani* insurretos batiam-se contra as patrulhas alemãs postadas nas esquinas e contra os franco-atiradores fascistas aninhados nos telhados (entre os rapazolas que deram a vida naqueles dias para libertar a cidade estava Paolo Galizia, filho do primeiro presidente do Tribunal de Apelação), Pasquale Saraceno, que se tinha refugiado com a família no grande palácio do tribunal na Via Cavour, assomou um instante à porta, trazendo pela mão seu filhinho. Apenas avançou o corpo e logo um tiro vindo de um telhado o atingiu: havia, apontada permanentemente para o portão da justiça, a mira de um assassino. Mas o menino ficou incólume; agora deve ser um rapazola. Quando também se tiver tornado um homem, ainda sentirá na sua mão feita adulta o aperto e o encorajamento daquela cálida mão paterna que acreditava na justiça.

Mas não posso, junto com aquele rosto juvenil e cheio de fé, deixar de relembrar também a pensativa imagem de Aurelio Sansoni, que foi, durante o vintênio, magistrado na Toscana nos vários graus, até o Tribunal de Apelação, e acabou, depois da libertação, presidente de turma na Suprema Corte. Os advogados chamavam-no "Cristo", porque, de fato, tinha na face descarnada e sofrida, mesmo quando sorria, a marca resignada e dolente de um crucifixo lígneo, como que para testemunhar que a justiça nasce da dor. Alguns, nos primeiros tempos do fascismo, também o chamavam de "pretor vermelho". Na realidade, não era nem vermelho, nem incolor, era apenas uma consciência tranqüilamente altiva, não disposta a renegar a justiça para fazer a vontade dos bandos fascistas que invadiam as salas dos tribunais. Era simplesmente um juiz justo. Por isso chamavam-no "vermelho" (porque sempre, entre os tantos sofrimentos que aguardam o juiz justo, há também o de se ver acusado, quando não está disposto a servir a uma facção, de estar a serviço da facção contrária). Mas o que sobretudo não lhe podiam perdoar aqueles que assim o chamavam era a piedade humana, da qual não sabia conceber separada sua função de juiz. Para ele, todo réu era um problema humano, não um caso jurídico; um homem vivo, não uma fórmula (precisamente por isso, nesta terceira edição, os episódios mais tocantes de humanidade judiciária têm, em meu pensamento, a sua figura). Na seção penal de que por um longo período ele foi presidente, estava lotado há muitos anos um velho bedel, Gervasio, que todos os advogados conheciam pelo nome e a quem pediam prognósticos para as suas causas. Um homem bonachão e sábio, daquela sabedoria que lhe vinha de toda uma vida passada naquelas salas, em contato cotidiano com a culpa e com a dor. Às vezes, quando o presidente Sansoni, amantado com a sua toga, saía pensativo do debate, acontecia-lhe encontrar Gervasio, que lhe abria a porta da câmara de conselho; e não podia deixar de parar, ele, um jurista, para lhe perguntar: – O que acha, Gervasio? Acredita mesmo que ele merece ser condenado? Gervasio sorria humildemente sob os brancos bigodes caídos: – O que posso saber, senhor presidente? Sou um pobre ignorante... Mas aqueles dois homens, o presidente e o bedel, tão distantes pela cultura e pelo grau, olhavam-se nos olhos com uma mesma luz de bondade, que é uma linguagem igual para todos os homens, qualquer que seja sua instrução e seu ofício.

À memória de Pasquale Colagrande, de Pasquale Saraceno, de Aurelio Sansoni, magistrados altivos e humanos, para os quais a justiça não foi uma apática execução de práticas burocráticas, mas um empenho religioso de toda a vida, é dedicada esta terceira edição do "Elogio". Mas é dedicada também à multidão anônima dos juízes vivos, dignos desses mortos, especialmente aos mais jovens e aos mais obscuros, àqueles que, movidos pela vocação, mal passaram o limiar da Magistratura e aos quais é confiada a tarefa de administrar sempre melhor, isto é, sempre de maneira mais humana, a justiça do futuro.

Num discurso sobre o balanço da justiça, que proferi na Câmara em 27 de outubro de 1948, tive a oportunidade de recordar, em honra da Magistratura, um episódio que serve para demonstrar com que discrição e com que impávida natureza certos magistrados identificaram em sua consciência Justiça e Resistência.

Rememoro o episódio com as mesmas palavras registradas nas atas parlamentares:

"... Quero, terminando, contar-lhes o caso de um pretor toscano (não lhes direi o nome nem a cidade) que, durante o período da ocupação alemã, em 1944, recebeu do prefeito local uma carta em que lhe era imposto deter os pais dos jovens que não se apresentavam ao recrutamento do exército e que não obedeciam às convocações assinadas por aquele nome que os senhores sabem. A carta do prefeito dizia assim: 'Minhas ordens não se discutem. Na província, sou eu o representante do governo e tenho plenos direitos. Lembro ao senhor, caso tenha esquecido, que estamos em fase de revolução, e muito aguda. Considerarei sua recusa como ato de sabotagem e, portanto, tomarei providências, inclusive contra o senhor, se não executar minhas ordens. Pode estar certo'. E o pretor, nobres colegas, respondeu assim: 'Sinto muito não poder garantir-lhe o que me requereu. Emprestar os cárceres judiciários para a detenção de inocentes é contrário à lei e ao costume italiano. Desde que sirvo ao Estado na administração da justiça, nunca fiz nada contrário à minha consciência. Deus é testemunha de que não há jactância em minhas palavras'." (*Vivos aplausos gerais.*)

Uma voz no centro: "O nome do magistrado!"

"... Era um jovem e não digo seu nome, porque jovens como este há centenas na Magistratura; jovens como este que, em tempos de bilhões de indecentes, como os tempos em que vivemos, escolheram a digna miséria para servir a um ideal de justiça. Nestes jovens magistrados temos fé." (*Vivos aplausos gerais.*)

São essas as razões pelas quais, à pergunta irônica do amigo, respondi que, vinte anos depois, mantenho nesta terceira edição, não por adulação servil, mas por livre convicção, proveniente de ter medido defeitos e virtudes, o título original de "Elogio dos juízes".

Florença, Universidade, dezembro de 1954.

NOTA BIBLIOGRÁFICA

A primeira edição deste livro saiu em 1935; a segunda, em 1938, ambas pela Casa Editrice Le Monnier. A terceira edição foi mais que dobrada: foram acrescentados, por afinidade de tema, novos parágrafos no final dos antigos capítulos, ou mesmo capítulos inteiramente novos. Para que o leitor possa distinguir as partes que permaneceram das edições precedentes e as partes acrescentadas, as iniciais dos novos parágrafos serão assinaladas à margem com uma estrelinha.

PREFÁCIO À SEGUNDA EDIÇÃO

O título deste livro, cuja primeira edição a boa vontade dos leitores esgotou em pouco mais de um ano, não agradou nem mesmo aos críticos mais benevolentes: "um pouco pesado", pareceu a Pietro Pancrazi; "um tanto subjetivo", julgou-o Mariano D'Amelio. E sei de muitos outros leitores que, ao primeiro olhar lançado à capa, ficaram desconfiados: uns (especialmente se eram magistrados) acreditavam adivinhar naquele título um certo subentendido irônico, com reminiscências de Berni ou de Erasmo; outros (especialmente se eram advogados) suspeitavam deparar com o expediente profissional de um colega com segundas intenções, o qual, para hipotecar em benefício de seus clientes a simpatia dos juízes, não hesitara em apresentar-se diante deles sob a vestimenta reverente do panegirista.

Por isso, o autor sente o dever de explicar qual foi o motivo que o induziu a preferir tal título, e sentir-se-á gratificado se conseguir demonstrar que, mesmo que não tenha sido bem escolhido, o foi, todavia, com intenções puras.

Na palavra "elogio" o autor não quis esconder nenhum ferrão satírico, como demonstra a honesta veneração com que se fala, no livro, do judicar; tampouco quis esconder nela o enjoativo mel de uma estudada *captatio benevolentiae*, como atesta a livre sinceridade com a qual no mesmo livro se fala dos juízes. Ao escolher essa palavra outrora adotada para indicar um gênero de exercitações oratórias hoje caídas em desuso, o autor preferiu-a precisamente por uma certa pátina antiquada e livresca que ela adquiriu na tradição; parecendo-lhe que, precisamente por isso, ela seria capaz de exprimir com nitidez que, mesmo ao louvar os juízes, o autor não tinha em vista objetivos profissionais práticos, mas quis conservar uma certa serenidade literária sorridente e desprendida, e, poder-se-ia dizer, humanística, a qual lhe permitiu (se ele não se enganou) manter a distância e a dignidade, louvando com discrição e sem servilismo, sorrindo sem ofender e com indulgência das fraquezas humanas – com simpatia e, poder-se-ia dizer, com poesia, se não parecesse presunção incomodar a poesia com esses assuntos de juízes e de advogados.

Mas, logo depois de ter escolhido, pelas razões mencionadas, o título de "elogio", o qual, deixado assim sozinho, poderia fazer pensar num mero passatempo literário, o autor pensou ser oportuno acrescentar que esse elogio dos juízes tinha sido escrito por um advogado, pois pareceu-lhe que, precisamente por isso, o livro pudesse apresentar-se aos leitores com certa fidedignidade de documento, já que proveniente de uma daquelas pessoas que, por ter experiência cotidiana dos rigores dos juízes e por ser naturalmente levada à polêmica e à invectiva, tem maior direito de crédito quando afirma que, nos magistrados, as virtudes em muito prevalecem sobre os defeitos. Em suma, com aquele acréscimo ao título, o autor quis tranqüilizar discretamente o leitor, assim: – Falo bem dos juízes, embora sendo advogado; logo, se sou eu que estou dizendo, pode acreditar!

O tema do livro não é, pois, apenas o juiz, mas o juiz como é visto pelo advogado; ou seja, poder-se-ia dizer também, o advogado que, freando por um instante seus instintos críticos naturais, põe-se a contemplar com equânime serenidade (como nem sempre lhe é possível) o interlocutor cotidiano da sua profissão, que é o juiz. Nesse diálogo entre o juiz e o advogado, eu não diria que o juiz é o protagonista; o que conta é o binômio constituído por esses dois termos inseparáveis, a relação de reciprocidade que se estabelece entre essas duas forças em cujo equilíbrio se resumem todos os problemas, jurídicos e morais, da administração da justiça.

O autor, em muitos anos de exercício da profissão forense, convenceu-se de que qualquer aperfeiçoamento das leis processuais permaneceria letra morta, onde, entre os juízes e os advogados, não fosse ouvida, como lei fundamental da fisiologia judiciária, a inexorável complementaridade de suas funções, rítmica como a dupla batida do coração. Só se os juízes e os advogados estiverem dispostos a perceber a estreita comunhão de suas sortes, que os constrange, unidos a um mesmo dever, a elevarem-se ou a aviltarem-se juntos, poderão colaborar uns com os outros, com aquele espírito de compreensão e de estima que amortece os choques do debate e vence, sob o calor da indulgência humana, os óbices dos piores formalismos.

As virtudes e os defeitos dos juízes só podem, pois, ser serenamente apreciados desde que se pense que, na realidade, eles são a reprodução num plano diferente e, quase se poderia dizer, a sombra deformada pelas distâncias, das correspondentes virtudes e lacunas dos advogados. É esse o estado de espírito de que nasceu o presente livro: exame de consciência de um advogado que, para chegar a compreender a humanidade dos juízes, acreditou ser indispensável considerar a conduta destes, devido àquela lei de reciprocidade sobre a qual há pouco discorremos, como uma série de respostas e de reações dialéticas à conduta dos advogados.

Mas um igual esforço de compreensão o autor humildemente espera que também os juízes queiram fazer a favor dos advogados, porque pensa que a missão humana e social da advocacia não poderá ser justamente apreciada pela opinião pública, se os magistrados não derem o exemplo de quererem ser justos, antes do que com os patrocinados, com os patronos.

Na verdade, para quem quisesse julgar pelos sinais exteriores, a advocacia como profissão liberal poderia parecer próxima do ocaso. Os costumeiros lugares-comuns contra os vícios dos advogados, que há séculos têm proporcionado divertida matéria aos inócuos colecionadores de facécias, cederam lugar, nestes últimos anos, e não só na Itália, a uma meditada hostilidade contra a advocacia; nesta, considerada a mais típica das profissões ditas liberais, alguns acreditaram discernir uma espécie de resíduo fóssil do individualismo declinante, que seria inconciliável com o prevalecimento dos princípios autoritários e que, em breve, também deveria ser totalmente eliminada pela transformação, que afirmam inevitável, das profissões liberais em empregos públicos. Não se pode dizer que esteja de todo imune de algum laivo desse espírito o recente *Projeto preliminar de reforma do processo civil*, o qual, embora respeitando a advocacia como profissão liberal, e mesmo reconhecendo explicitamente que a manutenção da autonomia profissional é, para ela, uma exigência de interesse público, contém, por outro lado, tal arsenal de sanções rigorosas contra as temidas marotagens dos advogados, que faz pensar que o problema mais urgente da reforma do processo civil é, hoje, o de defender os pobres juízes das artes malévolas dos advogados, considerados, ao que parece, não como seus colaboradores mais fiéis, mas como seus mais perigosos insidiadores.

Ora, creio que os maiores responsáveis por esse estado de espírito, hoje mais que nunca difundido, são os magistrados, que, vivendo em contato cotidiano com os advogados e, portanto, conhecendo por experiência própria algumas degenerações inevitáveis dessa profissão, são naturalmente levados, como no atrito diário que se produz entre as pessoas que no fundo se querem bem, a sentir muito mais o aborrecimento dos defeitos do que o comprazimento das virtudes – dos defeitos que são só de uma exígua minoria, enquanto da grande maioria são as virtudes.

Observem em uma audiência, enquanto um advogado há poucos instantes bravamente porfia naquele heróico corpo-a-corpo que é fazer-se ouvir por um colégio que já escutou dar meio-dia, a atitude daquele juiz que examina atentamente seu relógio, revira-o e escruta-o do lado do mostrador e do lado da caixa, como que esperando que aquele reflexo de vidro e de metal ofusque e reduza ao silêncio o orador.

Não é necessário possuir dons de adivinho para ler nessa atitude, como num livro impresso, o pensamento do juiz: – Hoje, de novo, esse chato nos manda para casa atrasados; hoje, de novo, vou encontrar o almoço frio por culpa dele... E, depois dessas melancolias domésticas, o pensamento, enquanto aquele insensato se obstina a falar, eleva-se a axiomas de ordem social: – Os advogados falam e escrevem demais, falam e escrevem não para defender o interesse do cliente, mas para se darem ares de saber mais que os juízes e engordar seus proventos. Uma causinha de nada, que se resolveria em cinco minutos, quando confiada ao fôlego dos advogados incha mais que um balãozinho. Se não fossem os advogados, haveria menos causas; ou melhor, provavelmente não haveria mais nenhuma. Porque os advogados é que montam os processos, com seus sofismas e suas mentiras. Se não houvesse advogados, os litigantes sempre diriam a verdade; ou melhor, não teriam nem mesmo necessidade de dizê-la, porque se abraçariam fraternamente, antes de a dizer. E não haveria mais, no processo, as sutilezas inventadas pelos leguleios; não haveria mais questões de competência, nem apelações, nem recursos em cassação. Se não fossem os advogados, a justiça se desenrolaria pacatamente, com espírito paterno e patriarcal... E assim por diante, até o incauto orador decidir-se a deixar seus juízes irem almoçar.

XLIII

Mas se o juiz, que assim raciocinava sob o estímulo da hora meridiana (*male suada fames*), volta a meditar sobre esses problemas na repousada serenidade do fim de tarde compreenderá facilmente que tudo o que pensou num momento de mau humor para com os advogados era ofensivo e injusto antes de mais nada para com os próprios magistrados, pois, como todos podem notar, considerando a célebre série de desenhos que Daumier dedicou às *gens de justice*, os advogados não são caricaturados sem estarem os juízes envolvidos na mesma mofa. Advogados e juízes funcionam no mecanismo da justiça como, na pintura, as cores complementares, que precisamente por serem opostas brilham mais ao estarem próximas. As virtudes que mais se homenageiam nos magistrados – a imparcialidade, a resistência a todas as seduções do sentimento e aquela serena indiferença, quase sacerdotal, que purifica e recompõe os mais torpes casos da vida sob a rígida fórmula da lei – não brilhariam como brilham se, ao lado delas, dando-lhes maior relevo, não se pudessem afirmar, em contraste, as virtudes opostas dos advogados, que são a paixão da generosa luta pelo justo, a rebelião contra toda prepotência e a tendência, inversa à dos juízes, de amolecer sob a chama do sentimento o duro metal das leis, para melhor moldá-las à viva realidade humana.

Por isso mesmo, os juízes deveriam ser os mais incansáveis defensores da advocacia, pois só onde os advogados são independentes os juízes podem ser imparciais; só onde os advogados são respeitados os juízes são honrados; e, onde se desacredita a advocacia, a primeira a ser atingida é a dignidade dos magistrados e muito mais difícil e angustiante se torna sua missão de justiça.

Não conheço maior aberração do que aquela de quem quer ver na contraposição entre juízes e advogados uma expressão típica da antítese entre interesse público e interesse privado, entre autoridade e individualismo. Na realidade, a advocacia responde, inclusive no Estado autoritário, a um interesse essencialmente público, tão importante quanto aquele a que responde a Magistratura: juízes e advogados são igualmente órgãos da justiça, são servidores igualmente fiéis do Estado, que a eles confia dois momentos inseparáveis da mesma função. Certas tarefas dinâmicas do processo, as tarefas de impulso e iniciativa, não poderiam ser requeridas do juiz sem destruir aquela posição psicológica de indiferença inicial, em que ele deve se encontrar para manter intacta até o momento da sentença sua imparcialidade; e são precisamente os advogados que, chamando a si os choques e as polêmicas, permitem que o juiz permaneça imperturbado em sua cadeira, acima das paixões e das rixas. Mas esse caráter de publicismo que têm os advogados, entendidos como órgãos complementares dos juízes, não implica necessariamente que eles devam ser transformados em funcionários, como na Prússia de Frederico, o Grande, ou em outras experiências mais recentes e igualmente significativas.

Se a primeira condição do Estado forte é a confiança do povo na justiça e se com o aumento da autoridade do Estado aumenta *pari passu* a exigência de aproximar a justiça do povo, não se pode esquecer que o canal necessário através do qual a justiça entra em contato com o povo é, antes do juiz, o advogado. Só na profissão liberal, que tem como base a escolha e a confiança pessoal do cliente em seu defensor, o advogado pode encontrar a autoridade moral necessária para exercer em meio ao povo aquela função de arauto da justiça, que é, em substância, uma exaltação cotidiana do Estado.

O juiz deve ser afastado de todo vínculo humano, superior a qualquer simpatia e a qualquer amizade; e é bom que os réus o sintam distante e estranho, inacessível como uma divindade em seu empíreo. Quando se fala de aproximar a justiça do povo, não se pretende, pois, fazer os juízes descerem de sua cadeira e mandá-los passear entre a gente, como peregrinos anunciadores do direito. Essa função, ao contrário, é reservada essencialmente aos advogados: o povo pode não conhecer seu juiz, mas deve conhecer seu advogado e ter fé nele, como num amigo livremente escolhido. E quem quisesse transformar o advogado em burocrata imposto aos réus, com isso não apenas fecharia a passagem à compreensão humana, que segue a livre eleição das amizades, mas fecharia também a única porta pela qual a confiança do povo na justiça do Estado pode passar.

Mas, sobretudo, deve-se conservar e incentivar zelosamente, neste tempo em que os regulamentos públicos vão se orientando sempre melhor para ideais de mais ampla solidariedade social, aquela vocação fraterna que ilumina a partir de dentro a vida do advogado. Ele leva às impassíveis salas da justiça o irrequieto fervor da caridade. Ao juiz, é vedado ser caridoso, mas o advogado deve ser, para seu cliente, em certos momentos em que todo e qualquer cálculo profissional se desfaz e se purifica na comoção, o irmão e o confessor, que pode lhe dar, mais que sua doutrina e sua eloqüência, o conforto de acompanhá-lo na dor. Não se deve esquecer que a advocacia é a única profissão em cujas regras está escrito que, para os seus seguidores, "o patrocínio gratuito dos pobres é um ofício honorífico". É fácil ironizar sobre o altruísmo dos advogados; mas quem acredita que a missão de caridade hoje cumprida pelos advogados liberais pode amanhã ser exercida com o mesmo espírito por um corpo de funcionários que só se devem ater à estrita observância do horário de trabalho, não pensou que não se pode estabelecer antecipadamente quais são as horas em que a dor bate à porta do advogado, em cujo escritório, mesmo nas horas noturnas, permanece acesa a lâmpada vermelha, a indicar no escuro o "pronto socorro" das aflições humanas.

Mas, sobretudo, os juízes, se quiserem compreender e amar como ela merece essa profissão de caridade que vive ao lado deles e dá calor às suas salas de audiência, não devem confundir advocacia com oratória, a qual, se do lado estético é algo mais, do lado moral e social é algo menos.

Entre as numerosas vozes de consenso que acompanharam a primeira edição deste *Elogio*, alguns advogados fizeram-lhe a crítica de haver falado com pouco respeito da eloqüência forense, nobilíssima tradição da advocacia italiana. Mas o autor acredita não ter merecido tais críticas, porque, se ninguém mais que ele pode sentir o fascínio por esse milagre que é a verdadeira eloqüência, tanto mais surpreendente quanto mais rara, considera porém estar certo quando pensa que, precisamente por se tratar de um dom excepcional, que só é dado a pouquíssimos privilegiados, não pode o processo, que serve à vida de todos os dias, ser constituído para pôr à mostra os oradores excepcionais, nem se pode tirar, do declínio dessa grande eloqüência, ou do menor campo que a ela é hoje deixado nas salas dos tribunais, a conseqüência de que está hoje em declínio a função social da advocacia e que, no processo, a estatura do advogado é hoje menor que outrora. Na realidade, como todos sabem, mesmo a desejada introdução da sustentação oral no processo civil não significará que as portas do processo civil estarão escancaradas para a grande oratória, pois sustentação oral significará sobretudo diálogo cotidiano entre advogado e juiz, compreensão recíproca, alimentada pela conversa sem levantar a voz. O juiz que escuta enlevado o grande orador admira-o demais para não o sentir longe de si; mas entre juiz e advogado não é necessária a admiração, é necessária a confiança: sentirem-se servidores do mesmo dever, membros da mesma família. Bem-vinda, se excepcionalmente estiver presente, no tribunal, a grande eloqüência; mas, se em vez da oratória florida houver no processo a palavra desornada e simples de quem quer expor ao juiz coisas e não palavras, bendita seja também assim, sem floreios inúteis, a advocacia; sem estilo de estudada retórica, mas com estilo de vida honesta; sem apóstrofes e sem invectivas, mas com a coragem de dizer até o fundo, com dignidade e firmeza, tudo o que é necessário para fazer triunfar a justiça.

Entre os juízos expressos sobre a primeira edição deste *Elogio*, o autor não pode esquecer aquele de um grande mestre da ciência jurídica, que também é dotado como nenhum outro do divino dom da eloqüência: o juízo de Francesco Carnelutti, que disse que a visão expressa no *Elogio* lhe parecia "um pouco melancólica", "talvez por causa do temperamento do autor... e certamente do período que a advocacia atravessa".

Quanto ao temperamento melancólico do autor, é coisa que não interessa aos leitores (mas poder-se-ia observar que, se outro crítico autorizadíssimo acreditou encontrar no livro a expressão de um sensato otimismo, isso quer dizer que o autor não é tão melancólico quanto se diz, pois os otimistas são gente, se não propriamente alegre, serena). Mas, quanto à melancolia do período que a advocacia atravessa, o autor acha que não é caso de se preocupar excessivamente com ela. Sim, não se pode negar, a diminuição da litigiosidade sempre agravou mais a crise econômica e, portanto, o desconforto moral de muitos profissionais; sim, nos debates penais, os defensores não têm mais aquela preponderância (um tanto incômoda) de outrora; e a liberdade de defesa deve ser praticada hoje com muito mais tato e com muito mais respeito pelos bons modos... Mas, enfim, é preciso que também os advogados se acostumem a perceber que o mundo está se transformando, que certos gestos teatrais da sua profissão passaram de moda, que certas intemperanças de um individualismo maneirista devem disciplinar-se e fundir-se numa consciência mais precisa dos deveres públicos de sua ordem. No entanto, se as formas exteriores evoluem, a substância humana da advocacia está bem viva:

se schiavi, se lacrime
ancora rinserra,
*è giovin la terra.**

Embora ainda haja inocentes a defender, embora ainda haja abusos a denunciar, embora ainda haja dores produzidas pela injustiça e por leis ditadas para curá-las, a advocacia ainda é jovem, e a juventude nunca é melancólica, porque tem diante de si o futuro.

Neste ponto, alguém poderia objetar ao autor que, ao ditar o prefácio de um livro que se apresenta como um elogio dos juízes, ele se derramou em elogios aos advogados; e que até mesmo dedicou a falar dos

* Embora escravos, embora lágrimas / ainda encerre, / é jovem a terra. (*N.T.*)

advogados os dois novos capítulos acrescentados a esta segunda edição. Mas o autor responderia que, falando dos advogados, sabia não ter saído do tema, porque, no fundo, advogados e juízes (esta é uma idéia fixa sua, que lhe deve ser perdoada) não são mais que dois aspectos de uma mesma realidade. O mais alto magistrado da Itália, escrevendo benevolamente sobre este *Elogio dos juízes*, se perguntava: "Quando virá o *elogio dos advogados escrito por um juiz*?" A pergunta, até agora, não teve resposta. Mas, se acontecer que a resposta venha, os advogados, ao lerem sua louvação saída da pena de um juiz, perceberão que, para falar bem dos advogados, não se pode fazer outra coisa senão repetir quase literalmente o que se deve dizer para louvar os juízes. Então esse reconhecimento de méritos recíproco e coincidente, trocado entre pessoas que todo dia trabalham juntas pelo mesmo ideal, mostrar-se-á mais profundo e mais significativo do que poderia ser uma troca de cortesias entre bons vizinhos: mais que o elogio dos juízes ou dos advogados, será o elogio da justiça e dos homens de boa vontade que, sob a toga do juiz ou a beca do advogado, dedicaram sua vida a servi-la.

I

DA FÉ NOS JUÍZES
PRIMEIRO REQUISITO DO ADVOGADO

Quem foi o inventor do cômodo e vil mote habent sua sidera lites, *com o qual, sob decoroso manto latino, quer-se dizer substancialmente que a justiça é um jogo que não se deve levar a sério? Com certeza um causídico sem escrúpulos e sem paixão, que queria com isso justificar todas as negligências, adormentar todos os remorsos, evitar todas as fadigas. Mas você, jovem advogado, não se afeiçoe a esse mote de resignação imbele, debilitante como um narcótico; queime o papel em que o encontrar escrito e, quando aceitar uma causa que achar boa, ponha-se ardentemente ao trabalho, com a certeza de que quem tem fé na justiça sempre consegue, a despeito mesmo dos astrólogos, mudar o curso das estrelas.*

Para encontrar a justiça, é necessário ser-lhe fiel. Ela, como todas as divindades, só se manifesta a quem nela crê.

Quem entra no tribunal levando em sua pasta, em vez de boas e honestas razões, secretas ingerências, ocultas solicitações, suspeitas sobre a corruptibilidade dos juízes e esperanças sobre sua parcialidade, não se admire se perceber que se encontra, não no severo templo da justiça, mas numa alucinante barraca de feira, em que espelhos suspensos em todas as paredes refletirão, multiplicadas e deformadas, suas intrigas. Para encontrar a pureza no tribunal, é preciso entrar nele com a alma pura. Também aqui adverte o padre Cristóvão: omnia munda mundis.

Você está defendendo uma causa grave, uma daquelas, não raras tampouco no cível, em que da decisão depende a vida de um homem, a felicidade de uma família. Você está convencido de que seu cliente tem razão, não apenas segundo a lei, mas também segundo a consciência moral, que vale mais que a lei; sabe que deveria ganhar, se no mundo houvesse justiça... Mas está cheio de temores e de suspeitas: seu adversário é mais douto, mais eloqüente, mais renomado que você. Suas petições são redigidas com uma arte refinada, que você não possui. Você sabe que ele é amigo pessoal do presidente, que os juízes o consideram um mestre; sabe que a parte adversária se gaba de proteções irresistíveis. E, no dia em que a causa é julgada, você tem a nítida sensação de ter falado mal, de ter esquecido os melhores argumentos, de ter aborrecido os juízes, que, ao contrário, anuíam sorridentes ao brilhante arrazoado do seu contraditor.

Você se sente abatido e humilhado; pressente a derrota inevitável; repete consigo mesmo, com a boca amarga, que não há nada a esperar dos juízes... Mas eis que, quando sai a decisão, você tem a inesperada notícia de que a vitória é sua, apesar de sua inferioridade e da eloqüência do adversário, das temidas amizades e das gabadas proteções. Dias como esse são dias de festa para o advogado: quando ele percebe que, contra qualquer expediente da arte ou da intriga, mais vale, modesta e obscuramente, ter razão.

Não tema, modesto advogado, talvez apenas principiante, ter como adversário um desses profissionais que, por sua doutrina ou por sua eloqüência, por sua autoridade de homens políticos ou até pelo ar que assumem, querem chamar-se "príncipes do fórum". O advogado modesto, contanto que esteja convencido de defender uma causa justa e saiba com simplicidade e clareza expor suas razões, perceberá quase sempre que os juízes, quanto mais evidente é a desproporção de forças entre os dois contraditores, mais dispostos estão, mesmo votando sua admiração ao mais capaz, a dar sua proteção ao menos dotado.

Com muita freqüência, os juízes, pela tendência que todo homem sente a proteger os fracos contra os fortes, são levados, sem perceber, a favorecer a parte mais mal defendida: às vezes, um defensor inexperiente, se encontrar um juiz de coração generoso, poderá ser de grande valia para seu cliente.

Se você tem como adversário um desses advogados temidos como mestres da esperteza, evite tentar competir com ele em engenhosos estratagemas. Melhor do que dissimular sua inferioridade nesse gênero de expedientes é ostentá-la francamente e limitar-se a fazer o juiz entender que, contra as astúcias do adversário, você não tem outra arma além da fé na justiça.

Quase sempre ganhei as causas em que tinha como adversários advogados mais espertos que eu; mas, se não as ganhei, orgulhei-me por não estar no lugar do vencedor.

Guicciardini observa cruamente em suas Memórias *que as decisões de nossos tribunais, com todas as cautelas processuais que os juristas inventaram para torná-las menos falazes, só conseguem ser justas cinqüenta vezes em cem, exatamente como as daqueles juízes turcos, que se tornaram proverbiais por serem pronunciadas às cegas. Parece querer dizer com isso que todos os cuidados consagrados pelos povos civilizados a aperfeiçoar os ritos judiciários são lançados ao vento e que, em vez de nos iludirmos esperando que nossa pobre lógica de criaturas imperfeitas consiga um dia encontrar a justiça, melhor seria seguir o exemplo do bom juiz de Rabelais, que, para ser imparcial, decidia as causas com os dados.*

É claro que Guicciardini, com essa desconsolada convicção, não era feito para a advocacia, que não ama os corações frios, e fez bem em mudar de profissão ainda jovem. Mas quem tem ardente vocação para o patrocínio lhes dirá, ao contrário, que, se todos os dispendiosos cuidados que as civilizações modernas dedicam a aperfeiçoar as instituições judiciárias servissem para aumentar em apenas um ponto o percentual estatístico das sentenças justas, esses cuidados não seriam desperdiçados. E mesmo que fosse ilusório todo o nosso trabalho, de juízes e advogados, para discernir em meio à névoa a luz do que é justo, ainda assim esse afã sem fruto tangível, dedicado à justiça, sempre seria uma santa generosidade e, talvez, a mais alta expressão daquele espírito pelo qual o homem se distingue dos brutos. O desesperado esforço de quem busca a justiça nunca é infrutífero, ainda que sua sede permaneça insatisfeita: Bem-aventurados os que têm fome e sede de justiça.

Todo advogado vive no seu patrocínio certos momentos em que, esquecendo as sutilezas dos códigos, os artifícios da eloqüência, as astúcias do debate, não sente mais a beca com a qual se vestiu, não vê mais as togas com que se vestem os juízes, e dirige-se a eles, fitando-os nos olhos de igual para igual, com aquelas palavras simples com que a consciência do homem se dirige fraternamente à consciência do seu semelhante, para convencê-lo da verdade. Nesses momentos, a palavra "justiça" volta a ser fresca e nova, como se fosse dita então pela primeira vez. E quem a pronuncia sente passar em sua voz um frêmito discreto e suplicante, como aquele que passa nas palavras do crente que ora.

Bastam esses momentos de humilde e solene sinceridade humana para resgatar a advocacia de todas as suas misérias.

O aforismo, caro aos velhos doutores, segundo o qual res iudicata facit de albo nigrum et de quadrato rotundum, *hoje faz sorrir; mas, pensando bem, deveria fazer tremer. De fato, o juiz, como o mago da fábula, tem o sobre-humano poder de efetuar no mundo do direito as mais monstruosas metamorfoses e de dar às sombras aparência eterna de verdade; e, já que em seu mundo sentença e verdade devem acabar coincidindo, ele pode, se a sentença não se ajusta à verdade, reduzir a verdade à medida da sua sentença.*

Sócrates, no cárcere, explica serenamente aos discípulos, com uma eloqüência que jamais jurista algum foi capaz de igualar, qual a suprema razão social que impõe, até ao extremo sacrifício, que se respeite a sentença, mesmo que seja injusta: o trânsito em julgado da sentença implica que ela se destaque de seus motivos, como a borboleta sai do casulo, e não possa mais, a partir daquele momento, ser qualificada de justa ou injusta, uma vez que está destinada a constituir, daí em diante, o único e imutável termo de comparação, a que os homens deve-

rão referir-se para saber qual era, naquele caso, a palavra oficial da justiça.

Por isso, o Estado sente como essencial o problema da escolha dos juízes — porque sabe que confia a eles um poder terrível que, mal empregado, pode fazer que a injustiça se torne justa, obrigar a majestade da lei a se fazer paladina do erro e imprimir indelevelmente na cândida inocência a mácula sanguínea que a tornará para sempre indistinta do delito.

O direito, enquanto ninguém o perturba e o contraria, nos rodeia, invisível e impalpável como o ar que respiramos, inadvertido como a saúde, cujo valor só compreendemos quando percebemos tê-la perdido. Mas, quando é ameaçado e violado, então, descendo do mundo astral em que repousava em forma de hipótese até o mundo dos sentidos, o direito encarna no juiz e se torna expressão concreta de vontade operativa através da sua palavra.

O juiz é o direito feito homem. Só desse homem posso esperar, na vida prática, aquela tutela que em abstrato a lei me promete. Só se esse homem for ca-

paz de pronunciar a meu favor a palavra da justiça, poderei perceber que o direito não é uma sombra vã. Por isso, indica-se na iustitia, *e não simplesmente no* ius, *o verdadeiro* fundamentum regnorum *— pois, se o juiz não for vigilante, a voz do direito permanecerá evanescente e distante, como as inalcançáveis vozes dos sonhos.*

Não me é dado encontrar no caminho que percorro, homem entre os homens na realidade social, o direito abstrato, que vive apenas nas regiões siderais da quarta dimensão; mas me é dado, sim, encontrar a você, juiz, testemunho corpóreo da lei, da qual depende a sorte dos meus bens terrenos.

Como não o amar, quando sei que aquela assistência contínua a cada ato meu, que o direito me promete, só pode efetuar-se na realidade através da sua obra? Quando o encontro em meu caminho e me inclino diante de você com reverência, há na minha saudação um encanto de reconhecimento fraterno. Sei que, de tudo o que me é intimamente mais caro, você é o guardião e o avalista; em você, saúdo a paz do meu lar, minha honra e minha liberdade.

De meu pai, advogado, ouvi, nos últimos dias da sua vida, estas palavras tranqüilizadoras:

— As sentenças dos juízes são sempre justas. Em cinqüenta e dois anos de exercício profissional, nem uma só vez tive por que me lamentar da justiça. Quando ganhei uma causa, foi porque meu cliente tinha razão; quando a perdi, foi porque tinha razão meu adversário.

Ingenuidade? Talvez. Mas só com essa santa ingenuidade a advocacia, de astuto jogo instigador de rancores, pode elevar-se até ser fé ativa para a paz humana.

★ *A distância de quase vinte anos, a idade me avisa que, quando supus que o inventor do mote* habent sua sidera lites *tivesse sido "um causídico sem escrúpulos e sem paixão", talvez tenha me enganado. É mais provável que o inventor tenha sido um velho e sábio advogado, com experiência do mundo judiciário, que tenha desejado sugerir com essa máxima o fármaco capaz de aplacar amarguras e desilusões, que de outra forma pareceriam insuportáveis.*

A resignação pacificadora, que está encerrada nesse aforismo, pode de fato servir para evitar que, em certos momentos de mais grave decepção, o defensor apaixonado perca as estribeiras e prorrompa em impropérios, não apenas contra a injustiça, mas, pior ainda (isso também poderia acontecer), contra o juiz que a cometeu — quando sabe que a injustiça nunca é efeito da incompreensão ou da má vontade de quem julga, mas da má influência das constelações, o advogado pode se desafogar lançando maldições contra os astros, sem faltar ao respeito para com o magistrado.

Assim, tem esse mote uma função útil, não preventiva, mas curativa. Enquanto o julgamento estiver em curso, o defensor deve estar convencido de que o êxito da causa depende apenas dele, da sua bravura, do calor da sua palavra — as estrelas nada têm a ver, e confiar nelas seria uma traição, a fuga de um poltrão descrente que não se sente capaz de conquistar a vitória com suas forças. Mas, quando a sentença foi pronunciada e o inocente condenado injustamente (como acontece), então o advogado, que sabe ter feito o que estava a seu alcance para salvá-lo, não pode fazer outra coisa, para não deixar seu coração ser devorado pelo desespero, além de procurar tranqüilidade nesse mote, nas estrelas: a culpa é toda das fatais e inexoráveis estrelas.

Adotado antes da sentença, esse ditado é deprimente, porque debilita sua fé na justiça, o fogo sagrado que pode transformar você de defensor em herói; mas, depois da sentença injusta, é um calmante providencial, que ajuda você a reconciliar o sono.

★ *Ouço uma voz irônica que se compadece de mim:*

— Oh, homem simples, que depois de quarenta anos de advocacia nunca deixou de crer na justiça! E você ainda não percebeu que, na sorte dos vivos, sobre os quais paira sem discernimento a dor e a morte, é fatal que tudo seja injusto? Você acha justo que, ao passar por uma trilha, meu pé esmague este formigueiro e deixe intacto aquele que se abre no pedaço de terra ao lado? Você acha justo que este velhote esquelético continue a arrastar-se ao sol e que a escuridão engula este garoto, ceifado na flor da idade por uma noite de febre? Quer seja obra cega do acaso ou misterioso desígnio da Providência, nenhum Ministro da Justiça poderá garantir que, destas salas, só por serem oficialmente dedicadas à justiça, esteja banida a injustiça universal, que é a regra eterna de toda a vida.

— Quem ousa distrair-me com semelhantes lamentos, enquanto visto a beca? Essas tristes palavras de desencorajamento, talvez eu as repita comigo mesmo esta noite, sozinho em meu escritório, se não conseguir arrancar da prisão o inocente que hoje defendo. Mas agora que ele está no banco dos réus e olha para mim, agora que me levanto para falar a seus juízes... fora, fora, esses pensamentos de vileza! A justiça existe, é preciso que exista, quero que exista. Vocês, juízes, têm de me ouvir. Deixemos os astros em seu céu, ajudemo-nos entre nós, aqui na terra, a mitigar de perto, com um pouco de justiça humana, a injustiça distante e impassível das estrelas.

Um grande químico amigo meu, que passa o dia fechado no laboratório, explicava-me que o estímulo que guia o cientista nas suas pesquisas não é, como as pessoas crêem, o "amor à humanidade", mas antes seu gosto pessoal de arriscar uma hipótese e verificar, depois, através da experiência, se ela é bem fundada; e a máxima recompensa para o cientista é poder descobrir que a verdade imaginada coincide com a verdade experimentada.

Mas como o jurista poderia aspirar a essa mesma alegria? Pode acontecer que o jurista teórico, que estuda uma questão in vitro, *deixando-se guiar por aquela espécie de intuição profissional que se chama* "senso jurídico", *imagine que ela deva ser resolvida de certo modo e se alegre depois, ao descobrir nas leis um artigo de que não se recordava, que a resolve precisamente daquele mesmo modo, ou ao verificar, nas sucessivas pesquisas, que a jurisprudência resolveu daquele modo antes dele. Nesses casos afortunados, pode também ocorrer que o jurista encontre uma confirmação da sua previsão que se assemelhe àquela recompensa que o cientista procura.*

Mas, quando o jurista baixa do campo da teoria científica ao da prática judiciária, as coisas correm de outro modo. O cientista, nas suas pesquisas, tem diante de si a natureza, que é sempre a mesma, e utiliza, para interrogá-la, instrumentos de precisão que não mudam de humor; entre a sua inteligência e o fato não há outro intermediário além do seu microscópio. Mas entre a previsão do advogado e a verdade oficial, que por fim será escrita na sentença, interpõe-se toda uma série de anteparos, através dos quais o fio da previsão se embaraça e freqüentemente se rompe — misteriosos interruptores psíquicos que desviam ou, até, impedem a passagem da corrente.

Ensina-se na escola que a verdade escrita na sentença nada mais é que o fato filtrado através da mente do juiz. Mas, na realidade, as coisas são bem mais complicadas. Antes de chegar à mente do juiz, o fato deve passar através da narração que dele faz cada litigante a seu defensor e, depois, na fase de instrução, através dos esquecimentos ou das reticências das testemunhas, mais tarde ainda, no debate, através das reconstruções não imparciais dos defensores. Finalmente, chega ao juiz — não por um só caminho que corre à luz do sol, mas por dois caminhos tortuosos diferentes, que em grande parte se desenrolam subterraneamente, pois devem atravessar os obscuros meandros do espírito humano.

Como o advogado pode prever, no momento em que o processo se inicia, de que modo sairá transformada ou deformada a verdade, através desses itinerários secretos pelos subterrâneos psíquicos das consciências que participam do julgamento? Cada homem reage de maneira diferente e imprevisível aos fatos externos; cada um os vê, ou os entrevê, a seu modo.

A sentença é o resultado dialético dessa sucessão de reações individuais, cada uma das quais é, em si, misteriosa e imprevisível. Na sentença não há apenas o mistério final da consciência do juiz, mas também o concurso intermediário de toda uma série de consciências individuais, cada uma das quais é uma incógnita, diante da qual a previsão científica se detém, impotente.

O advogado que desde o primeiro colóquio garante ao cliente o resultado vitorioso da causa pode ser um hábil profissional, mas por certo não é um grande cientista. Assemelha-se mais ao prestidigitador que garante saber adivinhar a carta que vai sair do baralho: aqui não há ciência, apenas destreza manual.

★ *Acredita-se que basta ler e coordenar as regras escritas no código de processo civil ou no de processo penal para ter uma imagem fiel do funcionamento prático da justiça.*

É uma ilusão: os códigos regem apenas o que se vê, isto é, a mímica formal que, na representação judiciária, se apresenta à luz do palco. Mas o código ignora toda a preparação que se efetua nos bastidores antes de começar o espetáculo — e, sobretudo, ele não pode reger os processos psicológicos que se desenrolam no segredo das consciências.

Para compreender como o processo funciona de verdade, não basta nem mesmo assistir às audiên-

cias, ler as sentenças ou estudar as estatísticas judiciárias. Os ritos essenciais da justiça são aqueles que se celebram sem espectadores nas câmaras de conselho em que se decidem as sortes das causas, ou nos conselhos judiciários, em que se decidem as sortes dos magistrados.

Desses mistérios órficos, e não das formalidades exteriores, depende o bom funcionamento da justiça. No processo, assim como na liturgia, existem cerimônias esotéricas, de que só os iniciados podem participar. Nós, profanos, que estudamos o processo nos códigos, ficamos no escuro.

★ De que insuspeitadas e remotas vicissitudes pessoais ou familiares derivam com freqüência as opiniões dos juízes e a sorte dos réus!

Certa vez, no Tribunal de Cassação, eu defendia uma causa relativa a um pretenso vício redibitório de um cavalo mordedor. O comprador sustentava ter percebido que o cavalo por ele comprado tinha o vício de morder, e pedia, por isso, a resolução da venda; mas o tribunal de apelação não admitira o fato de que o cavalo fosse mordedor e, portanto, re-

jeitara a ação. O comprador derrotado recorrera em cassação. Eu defendia o vendedor, mas tinha tanta certeza de que o recurso seria rejeitado (precisamente porque em cassação não se pode rediscutir o fato), que, ao chegar minha vez de falar, renunciei à palavra.

Levantou-se então o procurador-geral, o qual, contrariamente à minha expectativa, declarou que o recurso era fundadíssimo e que devia ser acolhido.

Meu estupor foi tal que, terminado o julgamento, não pude me impedir de me aproximar de seu assento para lhe dizer:

— Excelência, como é difícil para os advogados fazer previsões sobre o resultado dos recursos! Nessa causa, eu teria jurado que mesmo o senhor teria concluído pela rejeição.

Ele me respondeu:

— Caro advogado, contra os cavalos mordedores nunca se é bastante severo. Muitos anos atrás, eu ia a pé pela cidade, com meu filho pela mão; e aconteceu-nos passar perto de uma carroça, parada junto da calçada. O senhor não irá acreditar: aquele cavalão de ar inocente virou-se de repente e deu uma dentada no braço do meu menino. Fez-lhe uma ferida profunda assim, que para sarar foi preciso mais de um mês de tratamentos. Desde então, quando ouço falar de cavalos mordedores, sou inexorável.

★ *Os clientes que se obstinam em saber antecipadamente do advogado qual será o resultado da causa não conseguem convencer-se de que, entre os elementos imponderáveis dos quais ele poderá depender, às vezes também está a magia.*

Certa vez, tive uma prova alucinante disso.

Viera ao meu escritório um afazendado meridional que ganhara uma causa no tribunal de apelação e que agora queria ser defendido por mim em grau de cassação, contra o recurso proposto por seu adversário. Era uma causa feia e uma decisão feia: depois de vender uma propriedade a um camponês, esse rico proprietário se arrependera da venda e imaginara mil artimanhas para reavê-la, e o tribunal de apelação, infelizmente, lhe dera razão. Li a decisão, li o recurso que fora redigido de maneira muito persuasiva por um dos melhores cassacionistas de Roma e convenci-me de que, de acordo com a justiça, deveria ser acolhido. Disse-lhe isso com franqueza e recusei-me a aceitar sua defesa. Ele se foi, ofendido. Porém, mais de um ano depois, às vésperas da sessão, vi-o aparecer diante de mim acom-

panhado por outro defensor, o qual insistiu para que eu pelo menos fosse ao julgamento dizer algumas palavras em apoio às contra-razões redigidas por ele. Tanto insistiu, que por fim me rendi. Mas de novo cantei-lhe, com notas claras, minha convicção: — É uma causa perdida, cem vezes perdida!

Vamos à audiência. Lembro-me com precisão de todos os detalhes. O advogado do recorrente era, como de costume, um brilhante argumentador, um orador agradável, um adversário temível. Levanta-se para falar e, contrariamente a toda expectativa, começa a divagar, a tropeçar, a perder o fio do discurso, a se contradizer. Eu não o reconhecia mais, pensei até que estivesse sentindo-se mal. Por fim, sentou-se, sem ter conseguido fazer entender claramente suas razões, que eu lera, expostas tão nitidamente no recurso escrito.

Então me levantei. Em contraste com aquela sua perplexidade incoerente, saí-me bem, ao improvisar uma refutação que convenceu os ouvintes.

Foi essa também a impressão do procurador-geral, que se limitou a poucas palavras: — Lendo o recurso, convenci-me de que o recorrente tinha razão; mas, agora que ouvi falar seu advogado, estou convencido de que não a tem. Peço que o recurso seja rejeitado.

A situação parecia invertida. Meu cliente, que assistira à sessão, estava exultante: — Viu, advoga-

do? O senhor, que estava tão pessimista... — Eu sacudia a cabeça: — Não se iluda: quando repensarem o caso na câmara de conselho, não lhe darão razão.

Mas deram-lhe razão, o recurso foi rejeitado. Tivemos a confirmação naquela mesma noite, através das informações oficiosas do bedel.

Habent sua sidera lites... *Na manhã seguinte, o cliente vem ao meu escritório, ainda excitado com o triunfo.*

— Advogado, antes de voltar para minhas terras, vim agradecer-lhe a bela vitória.

— Agradecer a mim? O senhor não deve agradecer a mim, que nada fiz para ganhar esta causa; deve agradecer ao advogado adversário, que a perdeu.

Nessa altura ele se aproximou, olhou à sua volta e, com ar misterioso, sussurrou:

— Advogado, já que me fala com tanta confiança, quero ser sincero com o senhor. Ouça, sou crente; ontem de manhã, antes da sessão, estive duas horas na igreja rezando ao meu santo protetor (disse-me até o nome do santo, mas não lembro), para que tirasse a palavra do advogado adversário. Meu santo concedeu-me essa graça.

Ao acompanhá-lo à porta, disse-lhe:

— Espero nunca voltar a ver o senhor.

★ *Um adendo nada inútil.*

Contei essa história certa vez, junto com tantas outras lembranças da minha experiência profissional, numa conferência sobre o tema O advogado e os clientes. *Contei-a tal como a escrevi agora: absolutamente verdadeira em todos os seus detalhes. Mas, ao contá-la, escapou-me da boca, sem querer, o nome de uma cidade.*

No fim da conferência, enquanto eu era assediado por uma roda de amáveis amigos que vieram cumprimentar-me, abriu passagem até mim uma jovem senhora muito decidida que, soltando chamas pelos olhos, atacou-me com esta invectiva:

— O senhor vilipendiou minha região e a religião! Muito me admiro!

(Também eu, pensando de novo naquela história, muito me admiro.)

★ *Depois da morte de um velho advogado, vinte anos atrás, seus herdeiros, quando levaram para vender a mobília do escritório, perceberam que o estrado sob sua mesa, sobre o qual durante cinqüenta anos estivera sua poltrona, era oco e montado de maneira a servir como compartimento secreto. Arrombaram-no e encontraram naquele esconderijo uma porção de cartas enciumadas, cartas de amor, testamentos, documentos comprometedores e velhas fotos impudicas. Mas, sobretudo, deixou-os curiosos um caderninho amarelado, que começava com um índice alfabético, em que estavam registrados todos os juízes da cidade, divididos por magistraturas, cada um com um número, que remetia a uma página.*

Cada página continha uma espécie de ficha biográfica: nome, sobrenome, nome dos pais, domicílio do magistrado; o mesmo para as mulheres e os filhos. Seguiam anotações muito mais precisas e minuciosas: o endereço do barbeiro e do alfaiate; a costureira da esposa; nome e sobrenome da empregada; as escolas freqüentadas pelos filhos e seus professores. Se pertence a um partido, se é religioso (nesse caso, o nome do confessor); se freqüenta um círculo ou um café; se tem alguma doença (nesse caso, o nome do médico); se gosta de xadrez ou de futebol; que jornal lê, que livros compra; onde vai em vilegiatura; quem são seus amigos e seus conterrâneos; se tem um irmão deputado ou um primo bispo.

Um trabalho diligentíssimo, que o velho advogado, como se via pelos acréscimos feitos sucessivamente com diversas tintas, dera-se ao trabalho de manter atualizado até o último dia.

Na capa daquele registro, lia-se um curioso título: Os caminhos.

★ *Com a sua romântica fé na justiça, você manda os clientes à perdição. Fervor, argumentações elegantes, belas frases genéricas comoventes e argutas e, de quando em quando, um hino à honestidade: precisão, doutrina, eloqüência, literatura, moralismo.* Verba generalia: *tudo está ali. Mas seu adversário, que não sofre dessas fraquezas, conhece outra arte. Em vez de estudar a causa, sabe que precisa estudar os homens que devem decidi-la; em vez de procurar a solução nos códigos, onde só há fórmulas abstratas, é preciso procurá-la nos juízes, analisando-os amorosamente um a um, na sua vida, nas suas dores, nas suas esperanças; examiná-los contra a luz, para descobrir em cada um deles a passagem secreta: amizades, ambições,* doenças, manias até — o bilhetinho inocente do político, a recordação do amigo de infância, as conversas à mesa de um café, a partida de cartas, o círculo da esposa, uma poltrona para o teatro, eventualmente o conselho autorizado de um alto prelado, e assim por diante. E a causa está vencida, sem necessidade de perder as noites a folhear os repertórios de jurisprudência.

— Não creio que esse sistema dê frutos melhores que o meu; como quer que seja, todos têm seu método. Sou um dos que continuam a crer que, para fazer o juiz dar razão, não há nada melhor do que respeitar as regras do processo: vestir a beca e dirigir-se a ele em voz alta, na audiência, de modo que todos ouçam, e não ir encontrá-lo em casa para lhe falar a sós, ou esperá-lo no corredor para lhe cochichar algumas palavras no ouvido.

Este é o método do advogado, como eu o entendo. Os clientes são avisados. Sinto-me bem assim. Mas, se eles preferirem outro tipo de serviço, então não procurem um advogado — é melhor se dirigirem a um vendedor de ilusões.

II

DOS BONS MODOS (OU DA DISCRIÇÃO) NOS JULGAMENTOS

Enquanto o processo era concebido como um duelo entre os litigantes, em que o magistrado, como um árbitro num campo de esportes, limitava-se a assinalar os pontos e a zelar para que fossem observadas as regras do jogo, parecia natural que a advocacia se reduzisse a uma competição de acrobacias e que o valor dos defensores fosse julgado com critérios, por assim dizer, esportivos. Um dito espirituoso, que não fizesse a verdade dar um só passo mas que acertasse em cheio algum defeito do defensor adversário, entusiasmava a platéia, como hoje, no estádio, o chute de mestre de um jogador de futebol. E, quando o advogado se levantava para o arrazoado, virava-se para trás, para o público, com o mesmo gesto do pugilista que, subindo no ringue, ostenta o volume dos bíceps.

Mas hoje, quando todos sabem que em todo processo, mesmo nos processos cíveis, não se realiza um jogo atlético, e sim a mais zelosa e alta função do Estado, as escaramuças não se ajustam mais às salas dos tribunais. Os advogados não são nem malabaristas de circo, nem conferencistas de salão — a justiça é coisa séria.

Eu me pergunto — confiava-me um juiz — se as estranhas atitudes de certos advogados durante a audiência não têm uma misteriosa origem mediúnica.

Esses advogados, quando não vestem a beca, são na verdade pessoas amáveis e discretas, que conhecem bem e põem em prática todas as regras da boa educação. Parar com eles na rua, a falar do tempo que faz, é um repousante prazer; sabem que não é bonito erguer a voz ao conversar, abstêm-se de adotar palavras enfáticas para exprimir coisas simples, evitam interromper a frase do interlocutor ou infligir-lhe o tormento de longas tiradas; e, quando vão a uma loja comprar uma gravata ou sentam-se a conversar num salão, você não os vê dar murros no balcão do vendedor, ou apontar o dedo arregalando os olhos contra a dona da casa, que serve o chá.

No entanto, quando estão num julgamento, essas pessoas bem-nascidas esquecem os bons modos e o bom gosto. Com os cabelos em desalinho e o rosto congestionado, lançam da garganta uma voz alterada e gutural, que parece amplificada pelas arca-

nas cavidades de outro mundo; mudam gestos e vocabulário e até mudam (notei isso também) a pronúncia habitual de certas consoantes. Será necessário pensar, então, que eles entram, como se costuma dizer, em transe *e que, através da sua pessoa inerte, fala o espírito de algum charlatão de praça pública, escapado do inferno?*

Deve ser assim; não seria possível compreender de outra maneira como eles podem acreditar conscientemente que, para se fazerem levar a sério pelo tribunal, possam berrar, gesticular e exorbitar os olhos de tal modo que, se assim fizessem em sua casa, quando sentados à mesa familiar, entre os inocentes filhinhos, desencadear-se-ia uma clamorosa tempestade de hilaridade.

Seria útil que, entre as várias provas que os candidatos à advocacia devem fazer para se habilitarem ao exercício da profissão, fosse incluída uma prova de resistência nervosa, como aquela a que são submetidos os aspirantes a aviador. Não pode ser bom advogado quem está sempre prestes a perder a cabeça por uma palavra tomada de través, ou que à

vilania do adversário só sabe reagir recorrendo ao gesto tradicional dos advogados da velha escola: agarrando o tinteiro para arremessá-lo. A nobre paixão do advogado deve ser sempre consciente e raciocinante; ele deve ter os nervos bastante sólidos para ser capaz de agradecer com uma polida reverência ao presidente arrogante que lhe corta a palavra. Sabe-se hoje que as vociferações não são indício de energia e que a violência repentina não é indício de verdadeira coragem: perder a cabeça no debate quase sempre significa levar o cliente a perder a causa.

O advogado que acreditasse intimidar os juízes à força de berros trar-nos-ia à mente aquele camponês que, quando perdia alguma coisa, em vez de recitar preces a santo Antônio, que faz encontrar as coisas perdidas, começava a desfiar contra ele uma série de blasfêmias; depois tentava justificar esse seu comportamento ímpio dizendo:

— Para fazer os santos se mexerem não é preciso pedir-lhes, é preciso amedrontá-los.

O aforismo iura novit curia *não é apenas uma regra de direito processual, que significa que o juiz deve encontrar por si a norma que serve ao fato, sem esperar que as partes a sugiram; é também uma regra de bons modos forenses, a qual adverte que, se quiser ganhar a causa, o advogado não deve tomar ares de ensinar aos juízes aquele direito, em que a boa educação impõe considerá-los mestres. Pode ser um grande jurista, mas é sem dúvida um péssimo psicólogo (logo, um medíocre advogado), aquele que, falando aos juízes como se estivesse na cátedra, os indispõe com a ostentação da sua sabedoria e os cansa com antiquados galimatias doutrinais.*

Vem-me à mente aquele velho professor de medicina legal que, ao perceber que um examinando tinha se preparado utilizando, em vez de algumas apostilas suas, amareladas por cinqüenta anos de uso, um complicado texto moderno, lhe disse, interrompendo-o com ar suspeitoso: — Rapaz, parece-me que você quer saber mais do que eu —, e o reprovou.

Tenho confiança nos advogados — dizia-me um juiz —, porque se apresentam abertamente como defensores de uma parte e confessam, com isso, os limites da sua credibilidade; mas desconfio de certos jurisconsultos de cátedra que, sem assinar petições e assumir abertamente o ofício de defensores, mandam dentro dos autos, endereçados a nós, juízes, como se fôssemos seus alunos, certos pareceres a que chamam "para a Verdade", como se quisessem nos fazer crer que, nessas consultas pagas, não pretendem atuar como patronos partidários, mas como mestres desinteressados que não se preocupam com as coisas terrenas. Esse modo de agir me parece indiscreto por dois motivos: primeiro, porque se o consilium sapientis *estava em uso quando os juízes eram analfabetos, oferecer hoje ao magistrado, que tem seu diploma, uma liçãozinha a domicílio como essa não é fazer-lhe uma cortesia; segundo, porque não se pode compreender como é que, nesses pareceres inseridos num documento de uma parte, a Verdade, com V maiúsculo, coincide sempre com o interesse da parte que apresenta o parecer.*

Assim também pensava um jurisconsulto que entendia do assunto — acrescentou o juiz, que era, nas horas vagas, um erudito. E recitou-me uma passagem de Scaccia que diz assim: Ego quidam, contra cuius causam allegabatur consilium antiqui et valentis doctoris, dicebam: amice, si pars adversa, quae eo tempore litigabat, adivisset prius illum doctorem cum pecunia, tu nunc in causa tua haberes consilium illius pro te.

O advogado que, ao defender uma causa, entra em polêmica aberta com o juiz, comete a mesma imprudência imperdoável do examinando que, durante a prova, discute com o examinador.

Quando o advogado, ao falar em audiência, tem a sensação de que o juiz está com uma opinião contrária à sua, não pode afrontá-lo diretamente, como

poderia fazer com um contraditor colocado no mesmo plano. Ele se encontra na difícil situação de quem, para refutar o interlocutor, deve antes de mais nada amaciá-lo; de quem, para fazê-lo entender que está errado, deve começar por declarar que está plenamente de acordo com ele.

Desse embaraço deriva, na oratória forense clássica, o freqüente recurso à preterição, figura retórica da hipocrisia, que aflora até mesmo em certas frases de estilo, como aquela, abusada e deselegante, com que o advogado, quando quer recordar aos juízes alguma doutrina, diz com afetação querer "recordá-la a si mesmo".

Típico, como exemplo de tais expedientes, o exórdio daquele defensor que, ao sustentar certa tese jurídica diante de um tribunal, que já duas vezes havia decidido a mesma questão contradizendo-se, começou seu discurso assim:

— A questão que trato só admite duas soluções. Esta Excelentíssima Corte já a decidiu duas vezes, a primeira num sentido, a segunda no sentido contrário...

Pausa. Depois, com uma reverência:

— ... e sempre muito bem!

Gosto da beca, não pela passamanaria dourada que a adorna, nem pelas largas mangas que dão solenidade ao gesto, mas pela sua uniformidade estilizada, que simbolicamente corrige todas as intemperanças pessoais e esbate as desigualdades individuais do homem sob a escura farda da função. Igual para todos, a beca reduz quem a veste a ser, em defesa do direito, "um advogado", assim como quem senta à cadeira do centro é um "juiz", sem acréscimo de nomes ou títulos.

É de péssimo gosto fazer aparecer em audiência, sob a beca, o professor Fulano ou o comendador Beltrano, como seria falta de educação dirigir-se em audiência ao juiz ou ao representante do Ministério Público chamando-o senhor Giuseppe ou senhor Gaetano. Também a peruca dos advogados ingleses, que pode parecer um ridículo anacronismo, tem esse mesmo objetivo de afirmar o ofício sobre o homem, esconder o profissional, que pode até ser calvo e grisalho, sob a profissão, que tem sempre a mesma idade e o mesmo decoro.

Ótimo é aquele advogado de quem o juiz, terminado o debate, não lembra nem os gestos, nem o rosto, nem o nome, mas recorda exatamente os argumentos, que, saídos daquela beca sem nome, farão o cliente ganhar a causa.

A justiça não sabe o que fazer daqueles advogados que vão à audiência não para esclarecer aos juízes as razões do cliente, mas para fazer uma exibição de si mesmos e das suas qualidades oratórias. O defensor deve procurar unicamente projetar sua virtude esclarecedora sobre os fatos e sobre os argumentos da causa e manter na sombra sua pessoa, à maneira desses aparelhos modernos de iluminação, chamados difusores, que escondendo a fonte luminosa fazem as coisas parecerem transparentes por uma sua graciosa fosforescência interna. Ao contrário das lâmpadas de luz direta, dominadoras e descaradas, que ofuscam quem olha para elas, enquanto à sua volta, nas coisas, só se vê escuridão.

O advogado que durante o debate em vez de falar da causa fala de si comete para com os juízes que o ouvem uma falta de respeito semelhante à que cometeria se, no mais belo ponto do discurso, para fazer os juízes perceberem que se veste no melhor alfaiate da cidade, despisse a beca.

O advogado deve saber sugerir de forma muito discreta ao juiz os argumentos que lhe dêem razão, de tal modo que este fique convencido de os ter encontrado por conta própria.

Sem probidade não pode haver justiça; mas probidade também significa exação, que seria uma probidade trocada em miúdos, para ser gasta nas pequenas práticas correntes.

Isso deve ser dito do advogado, cuja probidade se revela, de forma modesta mas contínua, na precisão com que ordena as peças, na compostura com que veste a beca, na clareza da sua escrita, na parcimônia do seu discurso, na diligência com que mantém o empenho de entregar as petições no dia estabelecido.

Isso deve também ser dito, sem ofender ninguém, do juiz, cuja probidade não consiste apenas em não se deixar corromper, mas também, por exemplo, em não fazer esperar duas horas no corredor os advogados e as partes convocadas para prestar depoimento.

★*Assisti certa vez, na sala de uma alta assembléia jurisdicional, a um episódio que me deixou certa amargura no coração — não por mim, que era espectador, mas por causa da dignidade do ofício.*

Levantara-se para falar um velho advogado, conhecido pelo seu valor, mas também por certa verbosidade meticulosa da sua oratória, efeito da sua habitual diligência e, talvez também, da sua idade. Mal começara o exórdio, quando o jovem presidente, mais conhecido por sua impaciência do que por sua tolerância, interrompe-o sarcasticamente:

— Já entendi: o senhor é um desses advogados que, quando começam a falar, querem fazer-nos ver até as vírgulas...

O velho advogado, sem mostrar ter reparado na deselegância, inclinou-se:

— Senhor presidente, não tenho nada mais a dizer.

E renunciou à palavra.

Ao sair, eu me perguntava: — O que é pior para o bom andamento da justiça: um advogado verboso ou um magistrado irascível?

★ Faz quarenta anos que advogo, e no entanto não seria capaz de ir a um julgamento para uma sustentação oral sem me ter preparado, escrevendo um roteiro sumário do que vou dizer, bastante elástico para modificá-lo se preciso, mas bastante completo para dar ao discurso ordem e clareza. E rejuvenesço toda vez que devo sustentar oralmente, porque, antes de começar, sinto no estômago aquele ardor que experimentava antes de entrar na sala de exame quando era estudante, e depois, mal começo, aquela espécie de excitação inebriante, que também então sentia diante dos examinadores.

Mas os juízes deveriam se dar conta desse coração de examinandos, que os advogados, ainda que não o demonstrem, voltam a ter diante deles. Péssimo examinador é aquele que assusta o estudante, fitando-o com olhos agressivos, ou que o desencoraja, mostrando não estar atento ao que diz; os juízes também deveriam procurar ser sempre pacientes e gentis examinadores.

★ A justiça é coisa muito séria; mas, precisamente por isso, senhor juiz, não é preciso que o senhor, da sua mesa, me faça essa cara feia.

Essa máscara feroz com que o senhor me olha intimida-me e leva-me a ser prolixo, enquanto espero ler um sinal de compreensão nesse rosto de pe-

dra. Para nos entendermos como pessoas sensatas, é preciso estarmos dispostos a sorrir também: com um sorriso poupamo-nos tantos discursos inúteis!

A cara feia é uma parede, o sorriso é uma janela. Senhor juiz, estou aqui embaixo, esgoelando-me para falar de assuntos importantíssimos, como são os da liberdade e da honra de um homem. Seja gentil, senhor juiz: de vez em quando, para que eu perceba que o senhor está em casa, apareça à janela.

III

DE CERTAS SEMELHANÇAS E DE CERTAS DIFERENÇAS ENTRE JUÍZES E ADVOGADOS

Advocati nascuntur, iudices fiunt. *Não no sentido de que se pode ser um bom advogado sem preparação adequada, mas no sentido de que as virtudes de combatividade e de ímpeto, que mais se prezam na advocacia, são próprias da juventude apaixonada e excessiva, enquanto só o passar dos anos amadurece as qualidades de ponderação e de sabedoria que constituem os melhores dotes do juiz. O juiz é um advogado moderado e purificado pela idade, de quem os anos tiraram as ilusões, os exageros, as deformações, a ênfase e, talvez, também a impulsiva generosidade da juventude. O juiz é o que sobra quando são tiradas do advogado todas aquelas virtudes exteriores pelas quais o vulgo o admira.*

O advogado é a fervente e generosa juventude do juiz; o juiz é a velhice repousada e ascética do advogado. O sistema inglês, no qual os mais altos magistrados são escolhidos entre os advogados anciãos, é a confirmação prática dessa transição psicológica.

O *aforismo* nemo iudex sine actore *não exprime apenas um princípio jurídico, mas tem um alcance psicológico mais vasto, na medida em que explica que não é por censurável preguiça, e sim por necessidade institucional de sua função, que o juiz deve manter no processo uma atitude estática, esperando, sem impaciência e sem curiosidade, que outros venham ter com ele e lhe coloquem os problemas a resolver.*

A inércia é, para o juiz, garantia de equilíbrio, isto é, de imparcialidade; agir significaria tomar partido. Cabe ao advogado, que não teme parecer parcial, ser o órgão propulsor do processo: tomar todas as iniciativas, agitar todas as dúvidas, romper com todas as contemporizações — em suma, agir, não só no sentido processual, mas no sentido humano.

Essa diferença de funções existente no processo, entre juiz e advogado, o momento estático e o momento dinâmico da justiça, aparece até mesmo nas atitudes externas e nos gestos que se vêem no julgamento: os juízes sentados, o advogado de pé; o juiz com a cabeça entre as mãos, recolhido e imóvel, o advogado com os braços estendidos e tentaculares, agressivo e irrequieto. A nítida contraposição dos dois tipos também se manifesta em seus vícios, que refletem, deformadas, suas respectivas virtudes: o advogado, de tanto agir, pode se tornar um agitado, que é preciso pôr para fora da sala de audiências como um perturbador; o juiz, à força de se concentrar, pode simplesmente tornar-se um dorminhoco.

Pode ser que o ofício de advogado requeira mais engenho e mais fantasia do que o do juiz: encontrar os argumentos, que é tarefa do advogado, é tecnicamente mais árduo do que escolher, como faz o juiz, entre os já encontrados pelos defensores. Mas que angústia de responsabilidade moral nessa escolha! O advogado, quando aceita a defesa de uma causa, tem seu caminho traçado, pode ficar sereno como o soldado na trincheira, ao qual a seteira indica em que direção deve atirar. Mas o juiz, antes de se decidir, necessita de uma força de caráter que pode até faltar ao advogado; precisa ter a coragem de exer-

cer a função de julgar, que é quase divina, apesar de sentir dentro de si todas as fraquezas e, talvez, todas as baixezas do homem; deve saber intimar o silêncio a uma voz irrequieta que lhe pergunta o que teria feito sua fragilidade humana, se ele se visse nas mesmas condições em que se encontrou o réu; deve estar tão seguro do seu dever que esqueça, cada vez que pronuncia a sentença, a admoestação eterna que lhe vem da Montanha: Não julgarás.

Gosto do juiz, porque me sinto feito da sua mesma carne; respeito-o porque sinto que ele vale, pelo menos potencialmente, o dobro de mim, advogado.

Se a embriologia pudesse ampliar suas investigações ao campo psicológico, descobriria que a alma do juiz é composta de dois advogados em embrião, comprimidos um contra o outro, cara a cara, como os dois gêmeos bíblicos, já na atitude de se combaterem no ventre materno. A imparcialidade, virtude máxima do juiz, é a resultante psicológica de duas parcialidades que se combatem. Não se espantem os defensores se o juiz, mesmo o mais consciencioso, não dá mostras, na audiência, de escutar com mui-

ta atenção seus arrazoados. Isso acontece porque, antes de pronunciar sua sentença, ele deverá ouvir longamente a renhida disputa dos dois contraditores que se agitam no recesso da sua consciência.

Ouvi um advogado espanhol, que assistia a um nosso debate penal, admirar-se porque em nossos tribunais o lugar reservado aos advogados é colocado mais baixo que o dos juízes, ao passo que, na Espanha, são colocados por tradição no mesmo nível, como que simbolizando que os dois ofícios têm igual dignidade.

Alguém lhe observou que essa diferença de posição poderia depender de uma concepção diferente da advocacia: a paridade de nível corresponderia a uma concepção liberal e individualista da defesa, enquanto a diversidade de nível, que indica sujeição do advogado ao magistrado, seria a expressão da justiça de um regime autoritário.

Considero que o contrário seja verdadeiro. Na realidade, enquanto numa concepção liberal da justiça pode-se pensar que o advogado, como representante de interesses individuais, está abaixo do juiz, que representa o Estado, num regime autoritário o advogado se torna sempre mais um instrumento de interesses públicos, colocado como o juiz a serviço do Estado e tendo em comum com ele a dignidade que lhe vem de ser um órgão necessário da justiça.

Num regime em que, como em nosso país, o advogado se considera investido de uma função pública, advogados e juízes são colocados moralmente, ainda que não materialmente, no mesmo plano. O juiz que falta ao respeito para com o advogado e, também, o advogado que não tem deferência para com o juiz ignoram que advocacia e magistratura obedecem à lei dos vasos comunicantes: não se pode baixar o nível de uma, sem que o nível da outra desça na mesma medida.

Os defeitos dos advogados reagem sobre os juízes, e vice-versa.

O advogado obscuro, prolixo, cheio de sofismas, induz o juiz à desatenção e ao isolamento mental; imperceptivelmente, estendendo a todos os advogados a desconfiança originada dos defeitos de um, este se habitua a não fazer caso dos defensores, *quando não a desprezá-los, e a considerá-los como males necessários do processo, que é preciso tolerar com passiva resignação, levada até o sopor. Assim, o juiz, por culpa de um só mau advogado, renuncia a valer-se do precioso auxílio que dez bons advogados teriam prazer em lhe proporcionar.*

Mas, por sua vez, o juiz desatento e preguiçoso induz o advogado à superficialidade e até mesmo ao mau vezo processual. Quantas exceções de incompetência, quantos requerimentos de provas testemunhais desnecessárias os advogados estariam dispostos a negligenciar, se a experiência lhes houvesse demonstrado que, com o simples fim de não estudar profundamente o mérito da causa, certos juízes estão dispostos a acolher de olhos fechados qualquer exceção ou a aceitar de bom grado o meio instrutório que, para ser admitido, requer apenas o leve trabalho de um despacho de quatro linhas!

Também os juízes, que são homens, tendem a seguir em seu trabalho a via minoris resistentiae; *e o advogado experiente, para cultivar essa convidativa tendência à inércia mental, costuma semear suas defesas de vieses que estimulam o juiz a não se dirigir pela via mestra.*

As "exceções processuais", em vez de maligna invenção dos advogados para tornar mais árduo e cansativo o trabalho do juiz, são com muito maior freqüência uma respeitosa homenagem que dedicam à sua saúde, para ajudá-lo a se cansar menos.

Temo o juiz demasiado seguro de si, que chega logo à conclusão e que compreende logo de início, sem perplexidades e sem arrependimentos. Para dizê-lo à militar, acho bom que o advogado esteja no processo, por sua prontidão e seu espírito combativo, como um soldado da infantaria; quanto ao juiz, parece-me preferível que, por sua repousada e pesada solidez de raciocínio, se comporte em toda ocasião como um caçador alpino.

Certa feita, vi no campo um rapaz que tinha arrancado as longas antenas de um desses coleópteros pretos que os entomologistas chamam de cerambicídeos longicórneos; depois colocou-o à beira da estrada, para observar, com aquela impiedosa curio-

sidade que têm os rapazes, como o inseto se sairia assim mutilado. Privado de seus órgãos de exploração e orientação, o cerambicídeo arrancava desesperadamente com suas perninhas, oscilando e girando em torno de si mesmo; de vez em quando, batia contra uma haste de capim, e bastava aquele leve choque de uma palhinha para fazê-lo capotar.

Esse quadro volta-me à mente quando penso em como ficaria o processo se, como alguns desejam, fossem abolidos os advogados, essas tão sensíveis antenas da justiça.

Não conta no juiz a inteligência, que basta ser normal para poder chegar a compreender, como encarnação do homem mediano, quod omnes intellegunt; *conta sobretudo a superioridade moral, que deve ser tamanha, que faça o juiz perdoar ao advogado ser mais inteligente que ele.*

O advogado que se queixa de não ser compreendido pelo juiz não critica o juiz, mas a si mesmo. O juiz não tem o dever de compreender; o advogado é que tem o dever de fazer-se compreender. Entre os dois, quem está sentado esperando é o juiz; quem está de pé e deve mover-se e aproximar-se, inclusive espiritualmente, é o advogado.

Entre todos os ofícios judiciários, o mais árduo parece-me o do acusador público, o qual, como sustentador da acusação, deveria ser tão parcial quanto um advogado e, como guardião da lei, tão imparcial quanto um juiz.

Advogado sem paixão, juiz sem imparcialidade: este é o absurdo psicológico em que o representante do Ministério Público, se não tiver um senso de equilíbrio especial, correrá o risco de perder a cada instante, por amor à serenidade, a generosa combatividade do defensor ou, por amor à polêmica, a desapaixonada objetividade do magistrado.

★ *Ao advogado, quando trata com o juiz, não desabona a humildade, que não é nem vileza, nem adulação diante do homem, mas reverência cívica à alteza da função.*

Às vezes, entre os magistrados que se sentam diante de mim, reconheço um pelo qual, como homem, não tenho muita estima. Sei que alguns, como juristas, valem menos que eu; sei que, enquanto me desdobro para lhe explicar com clareza as razões do meu cliente, ele não consegue entender o que digo, ou não quer entender, porque já antes de me ouvir decidiu não me dar razão. No entanto, quando veste a toga, inclino-me diante dele com sincero senso de deferência, porque vejo nele a idéia da sua função — respeito o juiz não pelo que ele é, mas pelo que deveria ser.

Mas ao juiz também não desabonaria a humildade (no entanto bem mais rara) diante do advogado, porque este, ainda que como defensor valha pouco, representa diante do juiz a idéia igualmente augusta da defesa.

Conheci magistrados tão cheios de si, tão convencidos da sua incomensurável sapiência, que viam com desdém todos os advogados e consideravam uma diminuição da sua dignidade dar atenção ao que eles dizem. Em certos magistrados, o fato de sempre estarem sentados numa cadeira situada acima do banco dos advogados gerou, por força do hábito, a convicção de uma diferença de nível intelectual também, como ocorre com quem vai de automóvel e que, mesmo sem perceber, considera os pedestres pessoas de uma raça inferior.

★ *Costuma-se dizer que se reconhece o homem educado pela maneira como senta à mesa; ou (dizem os "fidalgos") pela maneira como se comporta em ação, ou então (são sempre eles que falam) à mesa de jogo.*

Diria eu que, para medir o caráter de um advogado, é preciso ver como ele se comporta no julgamento, no banco da defesa; pela maneira como se move, pela maneira como gesticula, pela maneira como agita a beca, pela maneira como ajeita o peitilho, pela prontidão com que se levanta quando en-

tra a corte, pela maneira como se vira para trás a fim de se fazer admirar pelo público, pelo tom contido ou estridente da voz, pela maneira de sair do banco quando fala — por tudo isso se percebe a raça de advogado que ele é, sua educação, sua urbanidade, sua sinceridade; ou, ao contrário, sua prepotência, seu artifício, sua grosseira vaidade.

★ Grave defeito num juiz é a soberba; mas talvez seja uma doença profissional.

Não sei se há juízes que, quando julgam, se crêem infalíveis; mas, se há, é justo reconhecer que nosso rito judiciário e, além dele, nosso costume forense parecem feitos de propósito para induzir o juiz à tentação do orgulho. A solenidade da audiência, as togas com as borlas douradas, o segredo místico da câmara de conselho, a unanimidade institucional da decisão, bem como as fórmulas de deferência tradicional pelas quais os advogados chamam os juízes de "excelentíssimos" e suas frases de exagerada humildade — "vós me ensinais", "lembro a mim mesmo", "vossa iluminada sapiência", e assim por diante —, tudo isso concorre para *dar aos juízes uma opinião de si talvez um pouco superior à realidade. Sem querer, todas aquelas cerimônias produzem em torno deles uma atmosfera de oráculos.*

A profissão do advogado, ao contrário, é mestra de modéstia. Não há causa em que o defensor não se encontre diante do adversário que rebate; diga o que disser, deve estar preparado para ouvir replicar que é um erro, quem sabe uma tolice ou até uma mentira. Mesmo admitindo que o advogado ganhe cinqüenta por cento das causas que defende, bastam os outros cinqüenta por cento para demonstrar-lhe que não é infalível e para lhe aconselhar a estimar o adversário que foi mais valoroso que ele.

Essa escola diferente, de orgulho ou de humildade, pode ser vista a olho nu nos magistrados aposentados que se põem a advogar: trazem consigo, inclusive sob a beca do defensor, o hábito mental de quem até ontem considerou uma irreverência qualquer discordância.

Um ex-magistrado que se pusera a advogar deixou escapar, numa altercação com seu adversário, esta frase imprudente:

— Lembre-se de que fui presidente do tribunal!

— Caro colega — disse o adversário —, enquanto você era presidente, era infalível; mas, desde que se tornou advogado, tem de se resignar a

admitir que é passível de erro. Como magistrado, você era um deus; como advogado é um homem, e errare humanum est.

★ *A mais grave desgraça que pode acontecer a um advogado é ter como cliente um magistrado, que a ele recorre para ser defendido numa causa própria.*

É sempre incômodo para o defensor dar com um cliente que se gaba de conhecer os códigos (por exemplo, aquele proprietário de terras que vive de renda mas que, trinta anos atrás, formou-se em direito, "só — diz ele — para ter um diploma"), tal como, para o médico, é particularmente cansativo o doente que estudou os sintomas sozinho na enciclopédia antes de consultá-lo e que diz já ter compreendido por conta própria qual o seu mal.

Mas o magistrado é, para o advogado, um cliente ainda mais desconcertante. O advogado, em audiência, está acostumado a sempre se inclinar diante da opinião do juiz; no dissenso entre o advogado e o juiz, a opinião que passa em julgado é a do juiz, não a do advogado. Por isso, é raro que o magistrado, quando se torna litigante em causa própria, pense no velho aforismo nemo iudex in re sua intelligitur e, *aceitando ser contraditado ou aconselhado, renuncie ao privilégio inebriante (embora, a longo prazo, perigoso) de sempre ter razão.*

★ *É velha a querela dos juízes contra os advogados, que acusam de ser os principais responsáveis pelo descrédito em que caiu a justiça na opinião pública; mas pareceu-me nova e singular a motivação desta reclamação que me foi feita por um juiz com disposição para confidências.*

Ele não se irritava com os advogados inferiores, charlatães e vigaristas, que com seus defeitos grosseiros servem (dizia ele) para pôr mais em evidência, em virtude do contraste, a superioridade moral dos juízes; mas antes com os advogados mais competentes, aqueles que possuem uma sutil doutrina jurídica para construir as razões dos clientes e uma engenhosa dialética para saber expô-las de forma sugestiva.

— Esses advogados são príncipes — dizia-me, acalorando-se — que com sua bravura conseguem transfigurar a verdade e induzir em erro o profano

que os ouve. O cliente, antes de ouvir o arrazoado de seu advogado, ainda podia admitir em seu íntimo estar em erro; mas depois de ouvir da voz persuasiva de seu defensor, expostos com tanta mestria, argumentos que subvertem a verdade, deixa-se convencer de bom grado de que está com a razão, incapaz que é de resistir a esses artifícios retóricos. E quando nós, juízes, que não nos deixamos pegar nessas redes, lhe atribuímos a culpa, como merece, ele acredita em sã consciência ser vítima de uma injustiça e imagina que nossa sentença é o efeito de sabe-se lá que tenebrosas trapaças.

A habilidade dos advogados, capazes de fazer o branco parecer preto e vice-versa, é uma contínua ameaça à justiça; são eles, os advogados, que semeiam na opinião pública as suspeitas contra a magistratura. Todo ato de apelação, todo recurso contém uma crítica, necessariamente partidária, da decisão impugnada, e portanto quase sempre uma deformação e uma difamação dela. E o mais grave é o seguinte: os advogados, quanto mais êxito têm nesse ofício de difamar os juízes, mais são apreciados pelos clientes.

★ *Seria preciso que todo advogado fosse juiz dois meses por ano e que todo juiz, dois meses por ano, fosse advogado.*

Assim aprenderiam a se compreender e a se desculpar; e se estimariam mais.

★ *Creio que permitir o exercício profissional do patrocínio forense aos ex-magistrados aposentados tem (como direi adiante) mais inconvenientes do que vantagens. Mas, entre as vantagens, deve ser considerada certamente a possibilidade experimental dada a esses ex-magistrados que se tornaram advogados de perceberem a diferença entre a justiça tal como a viam quando ocupavam a cadeira do juiz e a justiça tal como se mostra vista do banco dos defensores (quem fica de cabeça para baixo vê o mundo invertido).*

Depois de suas primeiras experiências como defensor, um ex-presidente de tribunal, que agora advoga, me confiava: — Curioso, quando eu era juiz, parecia-me que todos os advogados, inclusive os de maior valor, eram uma raça de tagarelas insuportáveis; agora que sou advogado, parece-me insupor-

tável que o presidente se distraia enquanto falo e que, passados apenas cinqüenta minutos, ele me demonstre com gestos que não agüenta mais!

Ainda mais significativo é o caso que me contaram de outro ex-magistrado que, depois de manter por toda a sua vida de juiz a honesta convicção de que as sentenças são sempre justas, pôs-se a advogar com a mesma fé. Mas perdeu a primeira causa que defendeu. Então, ao perceber que aquela sentença que o considerava errado parecia-lhe injusta, sentiu seu mundo desabar. — Mas, então, é verdade mesmo que não há mais justiça?

O choque foi tamanho, que ele enlouqueceu.

★ *Certa vez, assistindo a um julgamento diante das turmas conjuntas do tribunal de cassação, ouvi o presidente exprimir, em poucas palavras incisivas, a diversidade que existe entre a responsabilidade do defensor e a do juiz.*

Esse presidente, agora aposentado, homem de altíssimo valor intelectual e moral, mas de modos um tanto bruscos e impetuosos, nunca comparecia à sessão sem ter estudado profundamente nos autos os recursos levados a julgamento. Conhecia com perfeição os detalhes de fato e de direito de qualquer causa, de modo que, quando percebia que um defensor divagava ou tentava desviar para pontos escabrosos, o interrompia em dois minutos para chamá-lo de volta às questões essenciais, crivando-o de objeções e de perguntas que muitas vezes o colocavam em dificuldade. Assim, a discussão da causa se tornava, diante desse presidente, uma espécie de corpo-a-corpo oratório.

Os advogados que o conheciam tinham se acostumado com essa discussão dialogada, e quando sabiam que a sessão deveria ser presidida por ele procuravam preparar-se com o maior escrúpulo para o debate, de modo a estarem prontos para responder a qualquer questão. Mas quem, não o conhecendo, comparecia à sessão com seu discurso todo bem construído perdia o fôlego sob aquela torrente de interrogações.

Foi o que aconteceu daquela vez, quando um advogado de província, vindo a Roma especialmente para sustentar um recurso, iniciou solenemente a recitação de um arrazoado preparado havia meses e aprendido de cor. O presidente deteve-o logo na metade do exórdio, convidando-o a concentrar seu discurso no ponto essencial da causa. O sujeito balbucia, hesita, não responde... e, como quem não quer nada, retoma o fio. Nova interrupção, mais al-

terada, e novo desvio. No fim, o advogado, incapaz de enfrentar aquele furacão, não conseguiu dizer nada além disto:

— O senhor está me impedindo de cumprir meu dever. Protesto e renuncio à palavra!

E foi sentar-se. Então o presidente abrandou-se e lhe disse com tom inabitualmente cordial:

— Advogado, não leve a mal minhas interrupções. O senhor teria razão de se lamentar se fosse um conferencista, que o público tem o dever de suportar em silêncio, ainda que não entenda absolutamente nada do que ele diz. Mas o senhor é algo melhor que um conferencista: é um advogado, isto é, alguém que fala para persuadir a nós, juízes, a bem julgar. Como alguém pode ficar persuadido sem ter compreendido? Cumpra, pois, livremente seu dever, que é o de falar; mas faça-o de maneira a nos ajudar a cumprir o nosso, que é o de compreender.

IV

DA CHAMADA ORATÓRIA FORENSE

Tomem-se duas ou mais pessoas medianamente cultas e sensatas, que queiram falar entre si para se porem de acordo sobre alguma questão técnica, ou para persuadirem uma terceira que as esteja ouvindo — empresários que negociam um contrato, clínicos chamados em consulta, generais que combinam um plano de ataque. Seu modo de raciocinar será, na forma, o mesmo: um denso diálogo feito de frases breves, em que cada um se esforçará por exprimir o essencial com palavras simples; as objeções serão apresentadas e respondidas uma de cada vez, para se chegar ao ponto central do dissenso; as frases ficarão pela metade, quando quem as pronunciar perceber que o interlocutor compreendeu o resto por si mesmo, e o gesto, o olhar, o tom da voz bastarão, melhor que frases bem torneadas, para estabelecer o contato e o entendimento.

Assim falam os homens que desejam fazer-se entender e persuadir. Já os advogados, esses profissionais da persuasão, costumam empregar um modo de expressão que é exatamente o contrário. O diálogo vivo e fragmentado é substituído pelo monólogo fechado; o estímulo vivificante das objeções é abolido ou diferido; é bom aquele que consegue levar ao fim longos períodos contínuos, sem tomar fôlego, ainda que, desde a primeira palavra, todos tenham compreendido aonde ele quer chegar. Insiste-se demoradamente sobre aquilo com que todos estão de acordo, enchem-se os vazios do pensamento com ornamentos retóricos inúteis ou falazes. A interrupção é uma ofensa: cada um fala para si, fixando seu esquema mental, como um equilibrista que não tira os olhos da cadeira que oscila na ponta do seu nariz.

Esse modo de raciocinar, que é a negação do que adotam para falar entre si as pessoas sensatas, é chamado por alguns de "oratória forense".

Para extirpar do costume forense essa tendência ao "bel canto" que desacreditou com freqüência, junto aos juízes, a sustentação oral, seria necessário que as salas dos tribunais não fossem tão vastas e que o banco dos advogados estivesse bastante próximo daquele dos magistrados, de modo que o defensor pudesse, enquanto fala, ler nos olhos de seus togados ouvintes a hilaridade ou o desgosto que neles suscitam alguns de seus artifícios retóricos.

As grandes salas, em que falta todo e qualquer sentimento de recolhida intimidade, levam naturalmente o orador a forçar o tom, assim como a solidão convida a cantar. Como não se sentir levado a erguer a voz e a ampliar os gestos na grande sala do pleno da Corte Suprema, em que o advogado sente-se minúsculo e perdido na vastidão das colunatas e enxerga os juízes muito longe, lá em cima por trás da alta mesa, como ídolos imóveis no fundo de um templo, vistos através de uma luneta invertida? Aquela sala, com sua ornada solenidade, é uma instigação à grande oratória. É verdade que, como corretivo, o arquiteto também fez correr sobre o topo das paredes, escrita em ouro entre cártulas e festões, uma máxima de quatro palavras, uma em cada parede: Veritas nimium altercando amittitur. *Sobre a parede em frente do orador, destaca-se no alto, acima das cabeças do distante colégio judicante, aquele* NIMIUM, *de ouro como o silêncio; e o orador que, no meio de um vôo de eloqüência, aí pousa os olhos, logo entende o latim — e rapidamente conclui.*

Ó advogado novato, que sonhas poder um dia, quando fores um grande advogado, expandir livremente as torrentes da tua eloqüência diante da Suprema Corte, aconselho-te a pegar logo o trem para Roma e assistir, em meio ao escasso público, à sessão de uma turma cível do Tribunal de Cassação. Perceberás quanto a realidade difere do sonho (e perceberias ainda mais se, em vez de entrares na sala de uma turma cível, entrasses, ali ao lado, na da turma penal).

Se tiveres paciência para assistir a toda a sessão, que pode durar três ou quatro horas, verás serem julgados, digamos, oito recursos: menos de meia hora por recurso. Para cada recurso, depois de uma breve leitura do relator, ouvirás falar o advogado do recorrente, depois o do recorrido, depois o Ministério Público. Oito ou dez minutos para cada sustentação, apenas quantos bastavam, segundo as regras da eloqüência clássica, para atacar o exórdio — e, se um advogado ultrapassar os dez minutos, ouvirá o presidente censurá-lo por sua prolixidade.

Sairás da audiência cheio de melancolia, mas também cheio de admiração por duas espécies de heroísmo: o dos defensores, que conseguem dizer em oito minutos, clara e corretamente, sem balbuciar pela pressa e sem se deixar intimidar pela ansiedade do tempo que voa, tudo o que têm a dizer; e o dos juízes, que, por uma tarde inteira, suportam impassíveis (e, assim, durante anos) o tremendo destino de ouvir vinte e quatro arrazoados em três horas.

A clássica definição do patrono, vir bonus dicendi peritus, *pensam o advogado e o juiz, de comum acordo, que mereça um reparo.*

Diz o advogado: — A probidade é certamente a primeira virtude do defensor, no sentido de que ele nunca deve afirmar ao juiz algo conscientemente contrário à verdade. Mas, já que o patrono tem a obrigação do segredo e não pode, para não trair a verdade, trair a defesa, deve saber calar a tempo e encontrar no silêncio a conciliação entre o dever de lealdade para com o juiz e o dever de patrocínio para com o cliente.

Diz o juiz: — O defensor probo é certamente um precioso colaborador da justiça; mas, visto que, quando um advogado fala, tenho o dever de desconfiar dele e de pensar que quer me enganar em favor de seu cliente, sua probidade em relação a mim se demonstra sobretudo com o calar-se. A prova mais grata de lealdade que um advogado pode dar ao juiz, para poupar-lhe suspeitas, inquietudes e perda de tempo, é o silêncio. No saber calar-se patenteia-se sua sabedoria e sua discrição.

Assim, juiz e advogado chegam juntos, mas por caminhos diferentes, a dar do perfeito patrono esta definição revista e corrigida: vir bonus, tacendi peritus.

Não creio que nas nossas faculdades de direito seja necessário treinar os jovens para a eloqüência forense, como nas antigas escolas de retórica. Os estudos jurídicos devem servir para libertar o pensamento; quando este for ágil e pronto, o discurso se libertará por si.

Mas, se uma escola de oratória forense devesse ser instituída, eu a faria funcionar assim: daria ao aluno para estudar, numa manhã, os autos de uma complicada e difícil controvérsia cível, que ele deveria depois referir oralmente, de maneira clara e cabal, no inexorável lapso de uma hora. No dia seguinte, sobre o mesmo argumento, deveria falar meia hora; enfim, no terceiro dia, o tempo concedido para repetir a exposição deveria ser reduzido ainda mais, a quinze minutos.

Nessa terceira prova, que seria a decisiva, deveria estar presente um auditório de estudantes, absolutamente ignaros do caso. Se o relator conseguisse tocar nesse arrazoado concentrado em todos os pontos essenciais da causa, de maneira bastante clara e ordenada para ser seguido e compreendido de imediato por aquele auditório, mostraria ter aprendido o gênero de eloqüência necessário para se tornar um bom sustentador oral.

O arrazoado da defesa, para ser verdadeiramente útil, não deveria ser um monólogo contínuo, mas um diálogo vivaz com o juiz, que é o verdadeiro interlocutor — e que deveria responder com os olhos, com os gestos, com as interrupções.

O advogado deve apreciar as interrupções do juiz, porque atestam que ele não permanece inerte e estranho a seu arrazoado. Interromper significa reagir, e a reação é o melhor reconhecimento da ação estimuladora.

O processo se aproximará da perfeição quando tornar possível, entre juízes e advogados, aquela troca de perguntas e respostas que se desenrola nor-

malmente entre pessoas que se respeitam, quando, sentadas em volta de uma mesa, buscam em benefício comum esclarecer reciprocamente as idéias.

Fragmentando a sustentação oral num diálogo, a arte oratória sairá perdendo, mas a justiça sairá ganhando.

O arrazoado dos advogados é considerado por muitos juízes como um período de férias mentais: o juiz volta a estar espiritualmente presente quando o advogado se cala.

Quem, sem saber o que é um processo, entrasse num tribunal enquanto os advogados falam, seria levado naturalmente, após poucos instantes, a se perguntar quem são os ouvintes a quem se dirige aquela eloqüência. Sequer lhe viria à mente que os ouvintes são precisamente aqueles senhores aborre-

cidos e distraídos sentados lá no alto, com a cabeça entre as mãos. O profano que observa pela primeira vez essa cena tem a impressão de que aquele orador fanático, que gesticula vestido com sua beca, fala apenas para seu passatempo e desafogo, como se canta ou se faz ginástica; e todas as pessoas que participam da sessão estão ali não para ouvi-lo, mas para deixar que se desafogue, esperando pacientemente que termine todo esse seu exercício, depois do qual cada um poderá começar a fazer seu trabalho seriamente.

A sustentação oral, em vez de parte integrante do processo, degenerou assim numa espécie de parênteses de divagação inserido no meio do processo. Como em certos espetáculos teatrais de antigamente, em que, para deixar os atores descansarem, inseria-se entre um ato e outro um "intermezzo" de dança, durante o qual os espectadores podiam dormir tranqüilamente, sem temerem perder o fio da comédia.

Opinião de um juiz sobre a eloqüência forense:

— A forma de eloqüência em que melhor se fundem as duas qualidades mais apreciáveis do orador, a brevidade e a clareza, é o silêncio.

O advogado que fala tem a sensação quase acústica dos momentos em que sua palavra chega a convencer o juiz e daqueles em que o deixa na dúvida ou, até mesmo, indisposto. É como um fenômeno de ressonância: às vezes, sente-se que os argumentos que saem da boca do advogado estão em uníssono com a disposição do juiz e o fazem vibrar; outras vezes, sua voz soa falsa e sem eco, como que isolada no vazio. E, quanto mais o advogado força os tons para tentar superar o incômodo desse isolamento, mais se lhe torna impossível afinar-se com quem o escuta.

Lembrem-se de que a brevidade e a clareza são os dois dons que o juiz mais aprecia no discurso do advogado.

— E caso eu não consiga ser ao mesmo tempo breve e claro, qual dos dois dons, para descontentar menos o juiz, devo sacrificar?

— Inútil a clareza, se o juiz, vencido pela prolixidade, adormece. Ele aceita melhor a brevidade, ainda que obscura: quando um advogado fala pouco, o juiz, mesmo que não compreenda o que ele diz, compreende que tem razão.

Não posso enternecer-me com as lágrimas de quem lamenta que, com as normas hoje impostas para limitar no processo penal a duração das sustentações orais da defesa, tenha sido condenada à morte a "bela" oratória.

Antes de mais nada, nego-me a considerar o valor dos arrazoados dos advogados sob o aspecto puramente estético. Quando ouço falar de uma defesa "bela" ou "brilhante", tenho a impressão de que esse atributo, que seria um grato elogio para um conferencista de salão, é irreverente e frívolo quando se imagina poder aplicá-lo ao duro e austero ofício do advogado.

Além do mais, mesmo para quem quisesse considerar a oratória forense apenas sob o aspecto artístico, todos sabem que nunca se viu um espetáculo esteticamente mais horroroso e humilhante do que aquele proporcionado, nos debates penais de algumas décadas atrás, pelo defensor demasiado facundo, o qual, depois de falar durante três ou quatro audiências seguidas, não conseguia mais encontrar o meio de concluir e, no fim, dava a penosa impressão de ter ficado suspenso, sem poder mais se soltar, ao moinho de vento de sua própria eloqüência. A arte é medida e disciplina, e, se ainda há quem procure o deleite artístico nos arrazoados dos advogados, agradeça ao legislador, que limitando a duração do discurso quis apontar, inclusive no campo da oratória, para um saudável retorno das palavras em liberdade ao "freio da arte".

Naquele dia, na audiência, fui muito eloqüente. Percebi-o pela complacência afetuosa que se pintou no rosto dos juízes quando, no fim do meu arrazoado, fui me sentar. Quase me parecia, tamanha foi a simpatia com que me saudavam, que por milagre de amor seus braços revestidos pelas mangas da toga se alongavam alguns metros para chegar da alta mesa até a mim, para me acariciar.

Isso aconteceu, se bem me lembro, naquele dia em que me levantei para dizer: — Renuncio à palavra.

A oratória forense também tende, como a arquitetura, a tornar-se "racional": linhas retas, paredes despojadas, abolição dos ornamentos inúteis, franca revelação, em vez de cautelosa dissimulação, dos elementos arquitetônicos correspondentes a necessidades estáticas. Em suma, também o orador, como o arquiteto, deve pensar antes de mais nada na solidez da construção. Tanto melhor se daquela solidez surgir, sem ser procurada, a beleza monumental.

Mas dispensar os ornamentos postiços e deixar descobertos os elementos principais da construção não me parece uma empresa sem riscos: tenho muito medo de que, ao serem tirados os embelezamentos de certos discursos, como de certas fachadas, se perceba que, por baixo deles, em vez de robustas vigas, há tão-somente um frágil estuque.

Nos processos cíveis de algum lugar da Itália, a prática criou (talvez contra a lei) um modo de discussão oral das causas que me parece ter todas as vantagens da sustentação oral sem ter os inconvenientes da oratória. Em vez da solene sustentação durante a sessão, diante do colégio desatento e não informado, o debate ocorre na câmara de conselho, algumas semanas depois da sessão, quando o relator já estudou os autos do processo e formulou seu voto. Esse sistema tem duas vantagens: primeiro a de dar, ao advogado, ouvintes que conhecem a matéria de que ele fala e que, portanto, são capazes de avaliar o que ele diz; segundo, de impor uma forma de discussão familiar, dialogada, como podem fazer interlocutores sentados em volta de uma mesa, sem toga e sem solenidade.

Para que a sustentação oral, que significa expressão límpida e simples do próprio pensamento, recupere o lugar que lhe cabe, é necessário eliminar do processo a oratória, entendida como arte retórica de encobrir o pensamento sob as palavras. É necessário, no processo, abolir os gestos, as atitudes estatuárias, as distâncias. A oratória é, em grande parte, questão de mímica: faça-se um orador sentar e logo mudará o registro da sua música. Não consigo imaginar Cícero declamando as suas catilinárias, compostamente sentado diante de uma mesa.

Por que, se um juiz encontra um advogado no bonde ou no café e trava conversa com ele, talvez até sobre questões atinentes a um processo em curso, dispõe-se a acreditar muito mais nele do que se o ouvisse dizer as mesmas coisas em audiência, com a indumentária de defensor? Por que no discurso de homem a homem há mais confiança e maior proximidade espiritual do que no discurso de advogado a juiz?

Grande advogado é aquele que consegue falar na audiência com a mesma simplicidade e a mesma limpidez com que falaria ao juiz encontrado na rua; aquele que, quando veste a beca, consegue dar ao juiz a impressão de que pode confiar nele como se estivesse fora da audiência.

Disse o juiz, a respeito de um arrazoado todo colorido de artifícios retóricos, depois de o ouvir com deleite, mas com suspeita:

— Direi como daquela rosa: é tão bela que parece falsa.

A maior maldade que um juiz pode fazer com um advogado é deixá-lo falar sem o interromper, quando percebe que diz coisas inúteis ou danosas à defesa que sustenta.

Ao ouvido exercitado do juiz parece mais sintomático do que aquilo que o advogado diz o tom com que o diz: certas frases de um arrazoado, em que se sente que a voz do advogado esforça-se para não soar falsa, são como o tom surdo que, na auscultação, revela ao médico o ponto exato em que se localiza a doença.

O cliente que assiste ao debate oral da sua causa não fica contente se seu advogado não fala por último, porque é uma opinião comum a de que, nos debates, quem fala por último sempre tem razão.

Mas o cliente não sabe que, também entre os juízes, há naturezas desconfiadas e irritadiças, nas quais ouvir os argumentos de outrem provoca a irreprimível necessidade de rebatê-los. Quando damos com naturezas tão difíceis como essas, é melhor que o último a provocar a reação do juiz seja o advogado adversário, de modo que o juiz entre na câmara de conselho animado contra ele por uma ira polêmica mais recente.

Nesses casos, o provérbio é verdadeiro, mas invertido: quem fala por último sempre está errado.

Confidência de um juiz no fim da audiência: — Quem disse que nas causas cíveis o debate oral não serve para nada? Antes dos arrazoados dos advogados, eu estava em dúvida. Falou o defensor do demandante, e compreendi que o demandante estava errado; mas depois, para sorte do demandante, falou o defensor do demandado; então tive de me convencer de que o demandante tinha mesmo razão.

O cliente não sabe que, muitas vezes, depois de uma vitória, deveria ir abraçar comovido não seu advogado, mas o advogado adversário.

Às vezes me pergunto, ao ver como falam ou escrevem certos advogados, se a função do defensor não é, em vez de pôr em evidência as razões do seu cliente, pôr em evidência suas desrazões, de modo que o juiz atento sempre possa, com segurança, ir *buscar a razão de uma parte no arrazoado do advogado adversário.*

★ *A brevidade das defesas escritas e orais (nós, advogados, nunca conseguimos aprender isso!) é, talvez, o meio mais seguro para ganhar as causas, porque o juiz, não sendo obrigado a se cansar na leitura de grossos memoriais ou a assistir bocejando a sustentações intermináveis, presta atenção com mente fresca no pouco que lê ou escuta, não precisa fazer complicadas recapitulações para compreendê-lo, e a gratidão para com o defensor que reduziu ao mínimo sua fadiga o induz a lhe dar razão, mesmo que esteja errado. A brevidade e a clareza, quando conseguem estar juntas, são os meios seguros para corromper honestamente o juiz.*

Demonstra essa verdade um fato realmente acontecido, que poderia parecer um apólogo. Numa audiência penal em pretura, presidida por um advogado na função de vice-pretor honorário, e que já durava várias horas, só faltava tratar de uma causa, relativa a uma contravenção. Passava do meio-dia; o vice-pretor estava com pressa de ir comer. A sala de audiências estava vazia; só ficara o acusado com seu defensor e outro advogado, que fazia as vezes de Ministério Público, ambos amigos do vice-pretor.

Então este, de seu assento, advertiu:

— Darei razão a quem falar menos. Com a palavra a acusação pública!

O advogado que fazia as vezes de Ministério Público levantou-se para o seu requisitório: aquela contravenção comportava uma pena máxima de três meses de detenção. Estendeu a mão direita com os três dedos erguidos e disse:

— Três!

E sentou-se.

Então levantou-se o defensor. Não disse nada: fez que não com a cabeça, encolheu os ombros, piscou o olho e tornou a sentar-se.

O acusado foi absolvido.

★ No dia em que chegar a esta Terra um marciano, mandado em breve exploração de uma hora para ver como vão as coisas aqui embaixo, o que lhe mostrarei para fazê-lo compreender o grau de civilização alcançado por nosso planeta?

Não um televisor, é claro, nem uma lambreta, nem um aeroporto, nem uma bomba atômica; em vez disso, eu o convidarei a assistir comigo, durante aquela hora, a uma sessão de julgamento.

Não há por que sorrir. Das muitas audiências de que participei, algumas vezes (uma em cem) tive a sorte de poder assistir a uma cena que considero capaz de comover até a um habitante de Marte.

Uma sala moderadamente iluminada, distante da barulheira, apartada, num antigo palácio gentilício, com móveis e quadros antigos: um ar de recolhimento e de respeitosa familiaridade; o presidente autoritário, mas cortês; os magistrados atentos aos arrazoados dos defensores, melhor ainda, desejosos de ouvi-los até o fim; os advogados, bem compostos na beca, tranqüilos e discretos na discussão, concentrando-se nos temas essenciais, sem divagações inúteis e sem modulações oratórias, convencidos, ambos, da validade de suas razões, mas respeitando um ao outro, sem nunca adotarem ares de querer subjugar o adversário com sua autoridade ou com sua destreza. No fim, cumprimentam-se, tranqüilos e serenos, amigos como antes, entre eles e com os juízes. A decisão será o que for: os juízes meditarão, repensarão, concluirão. Mas cada defensor sabe ter feito o que pôde, sem faltar com o respeito nem para com os juízes, nem para com o adversário, nem para consigo mesmo, confiando apenas na força da razão, nessa virtude de persuasão que, entre homens civilizados, diz-se que têm as boas razões honestamente expostas por quem acredita nelas.

Quantos milênios foram necessários para chegar a esse milagre? Creio que até mesmo o habitante de Marte ficaria pasmo (mas é preciso que ele apareça aqui na Terra apenas essa vez, uma em cem, como já disse eu).

★ *Terrível para o advogado, que cem vezes nas perorações de seus arrazoados fingiu a comoção com aqueles acentos trêmulos em que o ouvido experiente do juiz logo descobre o artifício, perceber, naquele dia em que ao defender um inocente se comove de verdade até as lágrimas, que os juízes desconfiados não acreditam mais nele.*

★ *É mais do que sabido que a presença do público que ouve (e, mais especialmente, a presença do*

cliente) é, para certos oradores, uma espécie de droga estupefaciente, que causa um imediato desdobramento de personalidade.

Quem conhece o orador fora da audiência, e sabe o quanto é afetuoso e afável, não o reconhece mais. Na presença do público, parece que pela sua boca, como acontece nos fenômenos mediúnicos, põe-se a falar outra pessoa.

Muda o tom da voz e até a pronúncia de certas consoantes; mas, sobretudo, muda a compostura e os bons modos. Colegas com quem, no corredor, você falava em confiança com demonstrações de estima mútua, inesperadamente, no julgamento, ficam hostis e malcriados. Para fazerem boa figura diante de quem os ouve, para lançar contra você um mote que provoque a hilaridade do público, estão dispostos a tratá-lo como um inimigo pessoal, passando por cima não apenas da amizade, mas também da boa educação.

A oratória judiciária ideal, pelo menos nos julgamentos cíveis, é, na minha opinião, exatamente o contrário: a de quem consegue falar em público com a naturalidade e a serenidade com que as pessoas educadas se exprimem ao conversar.

Também na oratória (ao menos na oratória forense) deveria ser proibido o uso dos estupefacientes.

★ *Acontece com freqüência, no tribunal, ter a hora de abertura da sessão já passado há um bom momento, mas a porta da sala continuar trancada. Então, os advogados de beca, enquanto esperam para sustentar seus recursos, agrupam-se em torno do bedel, vestido com um manto vermelho, que toma conta da entrada, e lhe perguntam por que aquele atraso; e o bedel responde (não se sabe se brinca ou se fala sério): — Estão fazendo a câmara de conselho para decidir sobre os recursos que os senhores dentro em pouco deverão sustentar. — E pisca o olho com cara de quem sabe das coisas.*

A câmara de conselho antes da sessão? Esperemos que não seja verdade: seria um escárnio para os advogados. Mas é verdade que, às vezes, a sessão tem aquele aspecto um pouco atrapalhado de certos casamentos que são celebrados com o cerimonial costumeiro, embora se saiba que o irreparável já ocorreu antecipadamente. Talvez, olhando bem sob os cândidos véus da esposa, se entreveja pelo seu porte que aquele vestido virginal é um anacronismo; mas, enfim, por respeito aos bons costumes, assim mesmo ela leva as flores de laranjeira.

Eu falava havia cinco minutos no tribunal, esforçando-me por resumir com clareza uma tese jurídica muito complicada e difícil. Quando estava para chegar ao ponto-chave da argumentação, vejo que o presidente (que, evidentemente, não queria se dar ao trabalho de seguir meu discurso) fazia-me com a mão direita, unindo as pontas dos cinco dedos como as folhas de uma alcachofra, recomendações mímicas de brevidade.

Em certos momentos do discurso que requerem maior concentração, basta um gesto como esse para que se perca o fio. Interrompi-me e disse:

— Veja, senhor presidente, se eu estivesse lendo uma página escrita, poderia satisfazê-lo, pondo-me a ler uma linha sim, uma não. Mas, devendo improvisar, é inevitável que, em meu discurso, haja um mínimo de fio lógico. Queira perdoar-me.

★ *Esperando pelo início da audiência, um bedel, encostado na porta ainda fechada de uma sala, disserta com ares de entendido, em meio a um círculo de ouvintes inferiorizados por seu manto vermelho, sobre a oratória dos grandes advogados, cujos arrazoados é obrigado a ouvir todo dia, faz vinte anos, devido a seu ofício. Conhece e descreve de cada um deles os gestos, as maneiras de falar, as inflexões da voz: — Querem saber qual a mais bela voz do palácio de justiça?*

Eu também sei. Certa feita, numa tarde de verão, quando o palácio de justiça estava despovoado e as salas fechadas, tive a ocasião de subir aquelas escadarias e percorrer aqueles corredores compridos, então silenciosos e desertos, para buscar um documento que havia esquecido. De repente, lá no fundo, no silêncio das monumentais galerias, jorrou, cantada por uma voz limpidíssima, uma canção popular romana.

Parei, atônito, como se houvesse surpreendido um mistério órfico. Seria verdade então que, terminada a audiência, os magistrados, para esquecerem as palavras inúteis que tiveram de ouvir, trancamse na câmara de conselho para se dedicarem entre si a competições de canto?

Aproximei-me daquele canto insólito. Saía de uma das inúmeras portas do corredor, na qual estava escrito com letras douradas: "Procurador-Ge-

ral". Seria possível? Mas o canto, atrevido e vibrante como uma gargalhada, saía dali mesmo.

Aproximei-me na ponta dos pés e vi, com os joelhos no soalho (não o procurador-geral) uma mulher de macacão azul que, com um pano, lustrava aquele mármore e, entrementes, para se consolar da dura labuta, cantava assim, a plenos pulmões: "Fiorin de rosa"...

Retirei-me na ponta dos pés, sem que ela me percebesse. Eis a mais bela voz que jamais ouvi no Palácio de Justiça.

★ Um magistrado amigo meu, que durante as férias fez pela primeira vez uma viagem aérea, contava-me suas impressões de vôo:

— Um encanto, um sonho, deslizar assim na luz imaculada, como numa pista de diamantes, deixando abaixo de si os furacões. Parecia estar em outro mundo. Só achei uma impressão desagradável, outras vezes sentida nesta terra: quando se começa a descer e se percebe que a pista de aterrissagem está coberta pelas nuvens. Aí, o avião põe-se a dar voltas penosamente sobre aquele campo de nuvens, em *busca de uma brecha por onde se enfiar; não a consegue encontrar e continua a dar voltas; de repente, parece ter encontrado e baixa, mas logo em seguida torna a subir e recomeça a vagar entre as nuvens. Então bate uma angústia, quase dá vontade de ir até o piloto para lhe perguntar se você também pode ajudar de algum modo a encontrar o caminho de volta à terra.*

Essa sensação, porém, não me era nova. Experimentei-a várias vezes em audiência, quando certos oradores, depois de dizerem o que têm a dizer, não conseguem mais encontrar o modo de terminar; e dão voltas e mais voltas, sempre em torno dos mesmos argumentos, em busca de uma bela peroração. Mas, quando parece que finalmente a encontraram, tornam a alçar vôo, emplumando-se no vazio das frases, por não terem calculado bem a medida do último período.

Então o pobre juiz tem vontade de intervir: — Advogado, se não está conseguindo aterrissar, dou-lhe uma mão: diga assim...

Um profano, que nunca havia assistido à discussão de uma causa cível, entrou certa feita, acompanhado de um magistrado seu amigo que lhe servia de guia, numa sala de sessões; viu que nos dois bancos da defesa, separados por um breve intervalo central, estavam sentados, cotovelo contra cotovelo, bem uns dez advogados de beca, cinco de um lado, cinco do outro. Ele acreditava que todos os dez iriam tomar parte nos debates, mas só dois falaram, um para cada parte; e no fim levantou-se, para seu requisitório, o procurador-geral.

Ao sair, perguntou a seu acompanhante o que estavam fazendo ali, ao lado dos dois advogados que falavam, os outros oito, mudos. Respondeu o magistrado:

— Nas causas mais importantes, a defesa é orquestral: cada parte contrata sua orquestrinha, isto é, um colégio de defensores, cada um dos quais toca seu instrumento de acordo com a partitura musical preestabelecida.

— E como pode funcionar essa orquestrinha, se quatro dos cinco instrumentistas estão em silêncio?

— O silêncio também tem seu valor em música. Além do mais, não quer dizer que todos os instrumentos que compõem aquela orquestrinha sejam feitos para serem tocados na sessão de julgamento...

Como o outro mostrava não entender, o cortês acompanhante lhe deu a seguinte explicação:

— Você deve saber que na zoologia forense o gênero advogado se divide em várias espécies, cada uma das quais se subdivide em subespécies e variedades. Há o advogado simples (advocatus merus, de Lineu), em geral muito jovem, que é aquele que sua na biblioteca fazendo as pesquisas de doutrina e de jurisprudência, escrevendo as petições e preparando o esquema da defesa oral; há o advogado "de corredor" (advocatus explorator seu commendator), que, quando as salas estão fechadas, move-se como uma sombra pelos corredores e pelas antecâmaras, em busca de contatos úteis; e há o advogado "de cerimônia" (advocatus ad pompam, seu luminar fori), ao qual é reservada a função, final e meramente decorativa, de repetir oralmente em audiência os argumentos escritos nas petições do advogado simples, seu colega de defesa. Podemos acrescentar que cada uma dessas espécies se subdivide em diversas variedades. Por exemplo, os advogados de cerimônia podem pertencer a três subtipos diferentes: "insignes juristas", "grandes oradores", "respeitados parlamentares"; mas alguns zoólogos preferem classificar estes últimos, os respeitados parlamentares, entre os advogados de corredor, junto com os amigos de família (dos magistrados) e com os magistrados aposentados, inscritos de direito na Ordem dos Advogados.

— Mas por que afinal — pergunta o ingênuo — todos esses advogados perdem tempo indo ao julgamento, se um só deles deve falar?

— Porque cada um deles, com sua presença, quer lembrar ao seu cliente e aos juízes a importância da contribuição dada por ele à vitória comum; e talvez também porque têm a idéia de que os magistrados judicantes, ao vê-los enfileirados todos juntos, ficarão impressionados e não ousarão deixar de dar ouvidos a um colégio de defesa tão bem orquestrado.

— Mas o que pensam os juízes disso tudo?

— Não pensam nada, porque têm de pensar em fazer justiça segundo a sua consciência, sem se preocupar com essa exibição.

⋆ *Às vésperas do julgamento, minha cliente fica sabendo que a parte adversária associara na última hora à sua defesa um ex-magistrado, aposentado fazia pouco, que até outro dia, antes de se inscrever na Ordem dos Advogados, exercera o ofício de procurador-geral naquele mesmo tribunal*.*

* Na Itália, os membros do Ministério Público, além dos juízes, também são considerados como magistrados.

A cliente põe-se a fazer um escândalo: — Traição, traição! Também quero um ex-magistrado!

Com um pretexto qualquer, tivemos de adiar o julgamento por algumas semanas, a fim de contentar a cliente. Encontramos na praça um ex-presidente de tribunal e o associamos à nossa defesa. Não nos pediu para ler nossas petições, não abriu a boca na sessão; durante os debates, limitou-se a ficar solenemente sentado a meu lado (eu falava) e a olhar de quando em quando, com ar de desafio, para seu ex-colega de magistratura, que, sentado no banco da defesa adversária, também olhava e se calava: sutil jogo de contrapesos de chumbo na balança da justiça.

★ Defenda as causas com zelo, mas sem exagerar. O excesso de doutrina, a excepcional ostentação de citações de autores, o refinado virtuosismo dialético cansam o juiz. Se você escreve demais, ele não lê; se você fala demais, ele não ouve; se você é obscuro, ele não tem tempo para tentar compreendê-lo. Para ganhar as causas, é necessário empregar argumentos medianos e simples, que ofereçam ao juiz o fácil caminho da menor resistência.

Disse, suspirando, aquele advogado ao saber que perdera uma causa a que dedicara seis meses de zelosíssimos esforços:

— Não a defendi bastante mal para merecer ganhá-la.

★ Uma sessão das turmas conjuntas do Tribunal de Cassação durou das nove da manhã às sete da noite. Terminada a sessão, os ministros deliberaram por mais duas horas na câmara de conselho. Saíram tarde da noite, descompostos e cambaleantes, depois de doze horas de trabalho: dez horas ouvindo e duas tirando as conclusões do que tinham ouvido.

Nas dez horas de sessão foram debatidos dez recursos. Cada debate compunha-se de quatro intervenções: primeiro, o ministro relator referiu oralmente os precedentes da causa; falou depois o advogado do recorrente; depois o do recorrido; por fim, o Ministério Público fez o seu requisitório. Dez recursos, ao todo quarenta intervenções; dividindo dez horas por quarenta, vê-se que, em mé-

dia, cada uma dessas intervenções durou quinze minutos.

Ao cabo dessas dez horas de sessão, duas horas de câmara de conselho para decidir sobre os dez recursos examinados, o que significa que para deliberar sobre cada recurso a corte empregou, em câmara de conselho, doze minutos. Os ministros que tomavam parte na deliberação eram quinze, o que significa que, para cada recurso, cada um dos deliberantes teve à sua disposição, para meditar e exprimir sua opinião e para rebater as opiniões adversárias, menos de um minuto (para ser exato, quarenta e oito segundos).

O profano que assiste pela primeira vez a um desses carrosséis judiciários formula muitas perguntas:

— É possível que pessoas de resistência normal (sem contar os achaques da idade) continuem por dez horas, ou mesmo oito ou seis, a prestar atenção em quarenta oradores que se sucedem ininterruptamente, tratando dez causas diferentes e expondo para cada causa argumentos antagônicos?

— Como fazem, no fim dessas dez horas, esses homens valorosos para se lembrarem detalhadamente de tudo o que ouviram?

— É verdade que, quando se reúnem em câmara de conselho para exprimir sua meditada opinião sobre cada recurso, conseguem encontrar de imediato,

na confusão de discursos que ainda gira em sua pobre cabeça atordoada, a argumentação apropriada com que o defensor (um dos vinte defensores que falaram naquela audiência) imaginara ter conseguido demonstrar triunfalmente sua tese?

— Pode-se acreditar seriamente que, para se porem de acordo sobre a decisão a tomar em causas freqüentemente de extrema gravidade, sejam suficientes para cada um deles quarenta e oito segundos de meditação?

São perguntas às quais não é fácil dar uma resposta tranqüilizadora. Mas talvez seja bom que os profanos não procurem penetrar esses mistérios e não saibam que, no fim dessas audiências, pode acontecer que todos, advogados e juízes, vão para casa cansados e cheios da mesma melancolia.

V

DE CERTA IMOBILIDADE DOS JUÍZES EM AUDIÊNCIA

Deve ser um grande tormento para os juízes estar ouvindo um advogado que diz coisas inúteis ou insensatas. Para fazer cessar esse tormento, é preciso que o orador pare de falar, o que o juiz enérgico obtém interrompendo-o; ou que o ouvinte pare de ouvi-lo, o que o juiz pacífico obtém adormecendo.

Acho que, muitas vezes, o sono dos juízes é premeditado: eles adormecem voluntariamente, para não ouvir o que o advogado diz e para poder, todavia, segundo a sua consciência, dar razão à parte que este defende.

O sono muitas vezes é um hábil expediente com que o juiz defende a parte dos erros do seu defensor.

Gosto do juiz que, enquanto falo, me olha nos olhos: ele me dá a honra de procurar assim, no meu olhar, para além das palavras que podem ser apenas um hábil jogo dialético, a luz de uma consciência convencida.

Gosto do juiz que, enquanto falo, me interrompe: falo para lhe ser útil, e quando ele, ao me convidar a calar, adverte-me de que a continuação do meu discurso o entediaria, reconhece que até aquele momento não o entediei.

Também gosto (talvez um pouco menos) do juiz que, enquanto falo, adormece: o sono é o meio mais discreto que o juiz pode adotar para sair na ponta dos pés, sem fazer barulho, deixando-me, quando meu discurso não lhe interessa mais, discorrer à vontade só para mim.

Um juiz me confiava suas experiências profissionais sobre o sono provocado pela palavra dos oradores:

— Não é verdade que o sono seja traiçoeiro; ao contrário, ele costuma, com muita lealdade, fazer-se preceder por um discreto prenúncio. Quem ouve um orador falando percebe muito bem que está à beira do sopor quando, a certa altura, o significado das palavras atenua-se até se esvanescer, e o timbre da voz, embora continuando a chegar distintamente, adquire uma difusa e misteriosa ressonância, como a modulação rítmica de uma flauta encantadora de serpentes. Essa purificação acústica da palavra, que de expressão de pensamento se transforma e quase se dissolve em música, é para o ouvinte sagaz o prenúncio seguro da magia que está para vencê-lo.

Mas os advogados incautos não percebem que, ao modular suas frases, ao dar a seus períodos uma sábia sonoridade cadenciada, facilitam e apressam essa fatal dissociação entre o significado e o som da voz. Basta que comece a falar um daqueles oradores elegantes, que sabem com tanta arte dosar as notas dos seus discursos, para que o juiz, esquecendo o fio do argumento, logo se entregue ao encanto musical. E o resto vem sozinho.

*E*xistem in rerum natura *certas vozes insistentes que, em certas horas e em certas paisagens, parecem ser, com sua obstinação rítmica, o símbolo acústico da sonolência: o canto das cigarras no meio-dia estivo, o coaxar das rãs ao longe no abafamento úmido que precede o temporal, até mesmo o zumbido das moscas em alguns sórdidos quartos de hotel de segunda categoria...*

Assim me falava, num intervalo da sessão cível, um juiz que saíra para tomar um pouco de ar no corredor do tribunal. Era uma tarde tórrida de julho; o bedel, sentado num banco, enxugava o suor com o manto escuro. E da porta entrecerrada da turma penal chegava a intervalos a enfática exasperação de um arrazoado da defesa, semelhante ao gorgolejo nasal de um discurso em língua desconhecida transmitido implacavelmente pelo rádio.

Observem quantas pessoas do público que assiste a um concerto ficam de olhos abertos e vocês compreenderão o exato alcance daquele elogio que o juiz dirigiu, no final da audiência, a um advogado:

— Seu arrazoado foi toda uma música.

Disse um juiz, que tinha certa fantasia, a um professor de direito processual:

— Vocês passam a vida ensinando aos estudantes o que é o processo; seria melhor, para torná-los bons advogados, ensinar-lhes o que não é o processo. Por exemplo, o processo não é um palco para histriões; nem uma vitrina para expor mercadorias; nem uma academia de conferencistas; nem um salão de desocupados que trocam frases espirituosas; nem um círculo de jogadores de xadrez; nem uma sala de esgrima...

— ... nem um dormitório... — continuou timidamente o professor.

Numa das colunas do átrio do Tribunal de Cassação, diante das portas das salas penais, li com meus próprios olhos, cerca de vinte anos atrás, *esta anotação a lápis, que lá ficou vários meses (cito-a de memória, sem os erros dialetais que abundavam):*

Eu, Salvatore Rocco,
vindo em longa viagem
da minha terra
para assistir ao julgamento
da minha causa
entrei lá dentro
fiquei de pé três horas
vi a Corte
dormir
rejeitar
tornar a dormir.

★ *Não sei se a palavra "tribunal" tem sua raiz etimológica no número três, como a consonância poderia fazer crer: tribunal, porque é composto de três juízes. Provavelmente a etimologia é outra, mas um advogado que não tinha a obrigação de ser glotólogo, levantando-se para falar diante de um tribunal em que um dos juízes adormecera gostosamente, pensou que fosse mais apropriado buscar a eti-*

mologia não no ter, *mas no* bis, *e começou, dirigindo-se aos dois em vigília:*

— Senhores do Bibunal...

★ *Quando, estagiário, comecei a freqüentar as salas dos tribunais, admirava-me ver os magistrados comparecerem à sessão, com tanta freqüência, de óculos escuros; e dava a mim mesmo, ingenuamente, duas explicações diferentes para esse uso: ou se tratava de uma doença profissional derivada das noites de vigília passadas no estudo dos processos à luz da vela; ou se tratava de um anteparo que servia de proteção a seu segredo, para evitar que os advogados indiscretos adivinhassem antes do tempo o pensamento dos juízes, pelo lampejar dos seus olhos. Esta segunda explicação me seduzia, mas me intimidava: incutiam-me submissão, por trás daquelas lentes escuras que escondiam as pupilas, aqueles óculos vigilantes sem olhar, impenetráveis como os olhos facetados de certos coleópteros. E eu pensava que atrás daquele esconderijo estivessem à espreita os juízes mais inexoráveis, os que fecham diante de si, para não se deixarem comover, toda e qualquer via de acesso a seu espírito.*

Mas estes dias ouvi uma explicação mais simples de um velho magistrado aposentado, a quem, conversando disso e daquilo, eu contara que nas casas de certos países nórdicos não existem, como em nosso país, os escuros nas janelas.

No fim ele comentou:

— Eu não poderia viver nessas casas. Estamos acostumados à italiana: precisamos do escuro para dormir.

★ *Um juiz entrou numa ótica e pediu:*

— Queria um par de óculos escuros, bem escuros.

— Óculos de sol?

— Não, mais escuros ainda: óculos de sono.

VI

DE CERTAS RELAÇÕES ENTRE OS ADVOGADOS E A VERDADE, OU DA NECESSÁRIA PARCIALIDADE DO DEFENSOR

A querela entre os advogados e a verdade é tão antiga quanto a que existe entre o diabo e a água benta. E, entre as facécias costumeiras que circulam sobre a mentira profissional dos advogados, ouve-se fazer seriamente esta espécie de raciocínio: — Em todo processo há dois advogados, um que diz branco e outro que diz preto. Verdadeiros, os dois não podem ser, já que sustentam teses contrárias; logo, um deles sustenta a mentira. Isso autorizaria considerar que cinqüenta por cento dos advogados são uns mentirosos; mas, como o mesmo advogado que tem razão numa causa não tem em outra, isso quer dizer que não há um só que não esteja disposto a sustentar no momento oportuno causas infundadas, ou seja, ora um ora outro, todos são mentirosos.

Esse raciocínio ignora que a verdade tem três dimensões e que ela poderá mostrar-se diferente a quem a observar de diferentes ângulos visuais.

No processo, os dois advogados, embora sustentando teses opostas, podem estar, e quase sempre estão, de boa-fé, pois cada um representa a verdade como a vê, colocando-se no lugar do seu cliente.

Numa galeria de Londres há um famoso quadro do pintor Champaigne, em que o cardeal Richelieu é retratado em três poses diferentes: no centro da tela é visto de frente, nos dois lados é retratado de perfil, olhando para a figura central. O modelo é um só, mas na tela parecem conversar três pessoas diferentes, a tal ponto é diferente a expressão cortante das duas meias faces laterais e, mais ainda, o caráter tranqüilo que resulta, no retrato do centro, da síntese dos dois perfis.

Assim é no processo. Os advogados indagam a verdade de perfil, cada um aguçando o olhar por seu lado; somente o juiz, que está sentado no centro, a encara, sereno, de frente.

A balança é o símbolo tradicional da justiça, porque parece representar materialmente, com um dispositivo mecânico, aquele jogo de forças psíquicas que faz o processo funcionar. Nele, para que o juiz, após algumas oscilações, se detenha na verdade, é necessário que intervenha a disputa de duas teses extremas contrapostas, assim como os dois pratos da balança, para se poderem contrapesar, devem carregar o peso na extremidade de cada braço.

Quanto mais as forças contrapostas se distanciam do centro do jogo (ou seja, da imparcialidade do judicante), mais o aparelho se torna sensível, e mais exata a medida. Assim, os advogados, ao puxar cada um o mais que pode para o seu lado, criam o equilíbrio que o juiz persegue. Quem quisesse criticá-los por sua parcialidade deveria criticar o peso por pesar no prato da balança.

O advogado que pretendesse exercer seu ministério com imparcialidade não só constituiria uma incômoda duplicata do juiz, mas seria deste o pior inimigo; porque, não preenchendo sua função de contrapor ao partidarismo do contraditor a reação equilibradora de um partidarismo em sentido inverso, favoreceria, acreditando ajudar a justiça, o triunfo da injustiça adversária.

O advogado, como o artista, pode ter a virtude de descobrir e revelar os aspectos mais ocultos e secretos da verdade, a ponto de dar aos profanos, que têm a mesma virtude, a impressão de que os fatos por ele recolhidos com amorosa fidelidade são apenas uma invenção sua. Mas o advogado não altera a verdade, se consegue escolher nela os elementos mais significativos que escapam ao vulgo. E não é justo acusá-lo de trair a verdade quando, ao contrário, consegue ser, como o artista, seu mais sensível intérprete.

Assim como a magnanimidade do historiador põe em evidência os gestos heróicos daqueles fatos que, no relato de um cronista medíocre, pareciam um insípido e desprezível episódio, também nos processos, em especial nos processos penais, os fatos se ajustam à medida intelectual e moral do defensor.

O público imagina que certos advogados sabem escolher para suas defesas apenas aqueles crimes que possuem, em sua raiz, certa nobreza de motivos, certa grandeza de paixão. É verdade, antes, que esses advogados têm o dom de saber descobrir em to-

dos os crimes, inclusive nos mais abjetos, os elementos de piedade humana que melhor se coadunam com sua índole e que permaneceriam escondidos ao público se eles não fossem seus generosos reveladores.

Ponham dois pintores diante de uma mesma paisagem, um ao lado do outro, cada um com seu cavalete, e voltem uma hora depois para ver o que cada um traçou em sua tela. Verão duas paisagens absolutamente diferentes, a ponto de parecer impossível que o modelo tenha sido o mesmo.

Dir-se-ia, nesse caso, que um dos dois traiu a verdade?

Para avaliar a utilidade processual dos advogados não se deve considerar o defensor isolado, cuja atividade unilateral e partidária, tomada em si,

pode parecer feita de propósito para desorientar os juízes; deve-se, em vez disso, considerar o funcionamento no processo dos dois defensores contrapostos, cada um dos quais, com a sua parcialidade, justifica e torna necessária a parcialidade do contraditor.

Imparcial deve ser o juiz, que está acima dos contendores; mas os advogados são feitos para serem parciais, não apenas porque a verdade é mais facilmente alcançada se escalada de dois lados, mas porque a parcialidade de um é o impulso que gera o contra-impulso do adversário, o estímulo que suscita a reação do contraditor e que, através de uma série de oscilações quase pendulares de um extremo a outro, permite ao juiz apreender, no ponto de equilíbrio, o justo.

Os advogados fornecem ao juiz as substâncias elementares a partir de cuja combinação é gerada, no justo meio, a decisão imparcial, síntese química de duas parcialidades contrapostas. Estas devem ser sempre consideradas como "par", inclusive no sentido que essa expressão tem em mecânica: sistema de duas forças equivalentes, as quais, agindo em linhas paralelas em direção oposta, geram o movimento que dá vida ao processo e encontra repouso na justiça.

A melhor prova da ação purificadora que exerce sobre a consciência do juiz o debate de dois advogados contrapostos, destinados a absorver do ar todas as intemperanças polêmicas para deixar o juiz isolado numa atmosfera de serenidade, é proporcionada pela instituição, no processo penal, do Ministério Público. Nele o Estado criou uma espécie de antagonista oficial do advogado de defesa, cuja presença evita que o juiz se ponha a polemizar com este e, inconscientemente, tome posição adversa ao acusado.

Assim, no processo penal, em que o interesse da parte teria se contentado com um só advogado, o Estado sentiu a necessidade de colocar dois, por uma questão de interesse público — para contrapor à natural parcialidade do defensor uma espécie de parcialidade artificial, destinada a alimentar desinteressadamente a polêmica, de que o juiz necessita para sentir-se acima daquela.

A defesa de todo advogado consiste num sistema de cheios e vazios: fatos postos em relevo, porque favoráveis, fatos deixados à sombra, porque contrá-

rios à tese da defesa. Mas, sobrepondo as argumentações dos dois contraditores e fazendo-as coincidir, vê-se que aos vazios de uma correspondem exatamente os cheios da outra. O juiz, assim, servindo-se de uma defesa para preencher as lacunas da parte contrária, chega facilmente, como em certos quebra-cabeças, a ver diante de si todo recomposto, pedaço por pedaço, o quadro da verdade.

O advogado age sobre a realidade como o historiador, que recolhe os fatos de acordo com um critério de escolha por ele preestabelecido, e despreza os que, à luz desse critério, parecem-lhe irrelevantes. Também o advogado, como o historiador, trairia seu ofício se alterasse a verdade contando fatos inventados; não o trai enquanto se limita a colher e coordenar na realidade bruta apenas aqueles aspectos vantajosos à sua tese.

VII

DE CERTAS ABERRAÇÕES DOS CLIENTES, QUE OS JUÍZES DEVEM RECORDAR PARA DESCULPA DOS ADVOGADOS

É surpreendente a constância com que os clientes, ao escolherem seus advogados, procuram neles precisamente as qualidades opostas às que os juízes apreciam. Os juízes gostam dos advogados discretos e lacônicos, os clientes os querem verbosos e prepotentes; os juízes têm horror dos engenhosos fabricantes de sofismas, os clientes consideram a fertilidade com que se inventam os sutis expedientes o dom mais conspícuo do engenho advocatício; os juízes preferem os defensores que, ao expor sua tese, contam com a qualidade objetiva dos argumentos e não com a imposição da sua autoridade pessoal, enquanto os clientes buscam seus defensores entre os deputados ou os professores.

O mais estranho, porém, é o seguinte: também o juiz, quando para alguma controvérsia pessoal se torna parte em juízo e necessita de um defensor, cai na mesma aberração dos clientes profanos e vai procurá-lo cuidadosamente em meio àquelas categorias de advogados de que, como juiz, sempre desconfiou.

Que quer dizer "grande advogado"? Quer dizer advogado útil aos juízes para ajudá-los a decidir de acordo com a justiça, útil ao cliente para ajudá-lo a fazer valer suas razões.

Útil é aquele advogado que fala o estritamente necessário, que escreve clara e concisamente, que não entulha a audiência com sua personalidade invasiva, não aborrece os juízes com sua prolixidade e não os deixa suspeitosos com sua sutileza — exatamente o contrário, pois, do que certo público entende por "grande advogado".

Disse o cliente, ao escolher o defensor: — Eloqüente e astuto: ótimo advogado!

Disse o juiz, ao negar-lhe razão: — Tagarela e embrulhão: péssimo advogado!

Certos clientes vão ao advogado confiar-lhe seus males, na ilusão de que, contagiando-o, logo ficarão curados, e saem sorridentes e leves, convencidos de terem reconquistado o direito de dormir tranqüilos uma vez que encontraram quem assumiu a obrigação profissional de passar suas noites agitadas por conta deles.

Certa noite, encontrei no teatro um cliente que naquele mesmo dia viera a meu escritório confiar-me que estava à beira da falência. Pareceu contrariado e surpreso por me encontrar naquele lugar de lazer; e durante o espetáculo olhava-me de longe, meio carrancudo, como para me dar a entender que, com a ruína que o ameaçava, não era delicado que eu pensasse em me divertir e não sentisse o dever elementar de permanecer em casa suspirando por ele.

Quando você explica a certos clientes que os advogados não são feitos para fraudar a justiça, eles olham com ar estupefato. Para que serve então o advogado — parecem perguntar —, se não é para tomar a seu encargo nossas trapalhadas, para preservar, imaculada, nossa fama de pessoas de bem?

No fim de um dia de ócio, em que nenhum cliente viera bater à sua porta, o advogado saiu do escritório esfregando as mãos com ar feliz e disse:

— Ótimo dia: ninguém veio me pedir para lhe antecipar as custas processuais.

Os juízes lamentam que os advogados escrevem demais, e quase sempre têm razão.

Mas enganam-se quando atribuem a culpa desse excesso à verbosidade natural dos advogados ou, talvez, a seu desejo de maior ganho. Os juízes não sabem quanto dessa prolixidade se deve às pressões do cliente e quanta paciência o advogado deve ter para não se dobrar às insistências de quem avalia a qualidade da defesa pelo peso dos papéis escritos.

Está gravada em minha memória a frase de uma gentil senhora que, depois de me haver explicado pela décima vez os argumentos com que, no seu entender, eu devia compor sua defesa, ao ir embora parou no umbral da minha sala e com um sorriso suplicante suspirou: — Advogado, confio no senhor: escreva muito!

Certos sujeitos de bom apetite estimam que os médicos foram criados não para ensinar a moderação que conserva a saúde, mas para inventar remédios heróicos contra as doenças produzidas pelos excessos e, assim, dar a seus fiéis clientes a receita para continuarem bem-aventuradamente a cometê-los. Do mesmo modo pensam muitos que a função dos advogados na sociedade não é a de manter seus clientes no caminho da legalidade, mas a de inventar expedientes para reparar o malefício dos arma-

dores de tramóias e pô-los, assim, em condições de continuar tranqüilamente suas próprias tramóias.

Sei de um leguleio que, depois de ter sido condenado por estelionato e vigarice, e ter cancelada sua inscrição na Ordem dos Advogados, viu-se procurado, quando saiu da prisão, por uma multidão de clientes, que nunca sonhara ter quando achavam que ele era honesto.

É essa a mentalidade do grande público em relação aos advogados: se foi capaz de fazer vigarices por sua conta, dizem as pessoas, imaginem como será bom para enrolar os juízes a encargo da clientela!

Na advocacia cível, a diferença entre os bons profissionais e os espertalhões é a seguinte: enquanto estes se empenham para encontrar nas leis as ra-

zões que permitam aos clientes violar legalmente a moral, aqueles buscam na moral as razões para impedir os clientes de fazerem o que as leis permitem.

Um advogado conhecido meu recebeu de presente de um pintor seu amigo (que, como todas as pessoas que vivem com a cabeça nas nuvens, continua a imaginar que os clientes são vítimas dos advogados, e não o contrário) uma água-forte que representa a carcaça de um frango depenado; e o presente foi acompanhado desta glosa: — Eis a verdadeira imagem do cliente que ganhou a causa.

O advogado pendurou aquela imagem na ante-sala de seu escritório e, embaixo dela, escreveu, fazendo-se ajudar para a métrica por um amigo filólogo:

Non ego sic plumas evellere quaero clienti,
felix ni raperet perfidus ille meas.

Algum tempo depois, um nobre senhor, cliente fazia muitos anos daquele advogado e que lhe devia muitos milhares de liras de custas antecipadas, leu ao passar pela ante-sala aquela inscrição, e como ape-

sar de nobre ignorava latim perguntou com curiosidade ao advogado que o acompanhava à saída:

— Explique-me, advogado, o que quer dizer o texto sob aquele pobre frango?

— Com prazer, senhor, explicarei o significado daquele dístico, no qual se supõe que é o advogado que fala e que se exprime assim: Não aspiro a depenar meus clientes como este frango; pedirei somente (e aqui o advogado deu um enorme suspiro) que os pérfidos clientes não me depenem...

Vocês acham que o nobre se perturbou com aquela explicação? Deu uma palmadinha senhorial nas costas do advogado e lhe disse, ao se despedir:

— Feliz é o senhor, advogado, a quem os proventos da profissão permitem dedicar-se a esses passatempos literários!

Frases que um advogado deve acostumar-se a engolir em silêncio, sem perder as estribeiras, tendo no rosto, ao contrário, um celestial sorriso se quem as pronuncia (como quase sempre acontece) é uma gentil cliente:

— Recorri ao senhor porque pensei que é melhor fazer-se arrancar a pele por um carrasco experiente.

Ou então:

— A dar meus cobres àquele assassino (trata-se, em geral, do marido), prefiro que os advogados os devorem.

O primeiro impulso que você tem, ao ouvir essas delicadas alusões ao carrasco que arranca a pele ou ao apetite dos "advogados" — que, mencionados assim no plural, você chega a ver acorrerem em bando, como chacais —, é jogar o cliente (ou, com toda educação, a cliente) escada abaixo. Mas você tem de se resignar a receber como elogios essas flores da linguagem corrente, mesmo porque, se as levasse a mal, o cliente que as oferece não iria conseguir entender essa sua indignação e ficaria espantado com você, tão tapado que não entendeu que aquelas frases, na linguagem dos clientes, querem dizer que você é, para eles, um príncipe do fórum.

Árdua empresa é defender o cliente ingênuo, que ignora totalmente as complicadas alquimias jurídicas. Quando você lhe falar de prazos não cumpridos ou de formas não respeitadas e anunciar-lhe que tudo está perdido por causa da prescrição ou do pacto comissório, ele ouvirá boquiaberto, entre aterrado e pasmo, incapaz de apreender o misterioso significado dessas fórmulas; e você se sentirá diante dele na desagradável situação de quem, não querendo representar o papel de mago, corre o risco de fazer, aos olhos do vulgo, o papel de impostor.

Mais difícil, porém, é defender o cliente que se crê um jurista consumado, como, por exemplo, o aposentado que na velhice passa os dias a consultar nas bibliotecas as publicações jurídicas, ou o proprietário abastado que, trinta anos atrás, antes de se pôr em paz a cultivar suas terras, formou-se em direito "só para ter um diploma". Este, vendo-se hoje parte num litígio, irá antes de mais nada procurar no fundo de uma gaveta os códigos empoeirados e acreditará, triunfalmente, ter encontrado sozinho, de chofre, a receita para seu mal; e, quando em seguida vier a seu escritório para lhe confiar sua causa, fará você compreender, piscando o olho, que desta vez seu trabalho será reduzido a quase nada, porque, substancialmente, você poderá resolver o problema copiando a argumentação de defesa, cem por cento invencível, que ele já preparou.

Infeliz de você, se tratar como acha certo a causa dele, sem pôr em luminosa evidência aqueles argumentos geniais: se perder a causa, nem preciso dizer com quantos impropérios ele irá cobri-lo; mas também, se ganhar, não deixará de cultivar contra você um surdo rancor. O cliente logo esquecerá que, no fim das contas, você ganhou a causa para ele, mas pelo resto da vida o jurista incompreendido recordará que você lhe infligiu a humilhação de ganhá-la sem utilizar os argumentos dele.

⋆ *Um grande civilista romano contava-me que, certa vez, convidado por um cliente a defender uma causa no tribunal de apelação de uma cidade insular, chegou por mar dois dias antes do julgamento, com a esperança de poder conceder-se (como raramente lhe acontecia) um dia de solidão e de repouso; e também (pois era verão) um pouco de refrigério na praia.*

Mas, ao desembarcar, o cliente o aguardava, vestido de preto e com semblante grave, para hospedá-lo em sua casa. O advogado teve de gastar muita energia para explicar que já reservara um quarto no hotel e que, para repassar em paz a causa, precisava estar só. Por fim, muito contrariado, o cliente resignou-se a acompanhá-lo ao hotel, mas ficou de guarda, sentado ao lado da entrada. E, cada vez que o advogado aparecia na escada, via, lá na ante-sala, aquela sombra negra que se erguia e lhe fazia uma reverência.

No fim da tarde, o advogado saiu do hotel para ir tomar banho na praia próxima da cidade. O cliente intuiu sua intenção, rogou-lhe que não o fizesse, seguiu-o pelo caminho; explicou-lhe em grande agitação que era uma praia perigosa, batida pelo vento, cheia de correntes traiçoeiras. O advogado tomou um carro de praça; o cliente, sem lhe pedir permissão, pôs-se a seu lado.

Chegados ao lugar, o advogado meteu-se numa cabine e se trancou; saiu inesperadamente de calção, correndo velozmente para a praia.

O outro, implacavelmente vestido de preto, perseguiu-o até a beira das ondas.

— Advogado, senhor, excelência... Por caridade, não faça loucuras. Não vá longe, não se afaste. Cuidado com as correntes, cuidado com os buracos. Talvez não tenha feito a digestão direito... Cuidado com a congestão. Não mergulhe.

O advogado mergulhou e começou a nadar rumo ao largo.

Então o homem de preto perdeu a cabeça; começou a agitar os braços e a chamar as pessoas:

— Socorro, socorro! Ele está se afogando! Afogou-se! Está perdido! Pobre de mim! Socorro, estou perdido! Socorro, minha causa está perdida... Pa-

recia uma mãe desesperada por seu filho em perigo. Os banhistas acudiram. O advogado, irritadíssimo, saiu da água, tornou a vestir-se, voltou ao hotel, trancou-se no quarto.

E o cliente vestido de preto, enxugando o suor na portaria, pensava:

— Você é pago para defender-me, não para tomar banho de mar: primeiro defenda-me, depois se afogue.

VIII

CONSIDERAÇÕES SOBRE A CHAMADA LITIGIOSIDADE

Há um momento em que o advogado civilista deve encarar a verdade de frente, com um olhar desapaixonado de juiz. É o momento em que, chamado pelo cliente a aconselhá-lo sobre a oportunidade de intentar uma ação, tem o dever de examinar imparcialmente, levando em conta as razões do eventual adversário, se pode ser útil à justiça a obra de parcialidade que lhe é pedida. Assim, em matéria cível, o advogado deve ser o juiz instrutor de seus clientes, e sua utilidade social será tanto maior quanto maior for o número de sentenças de improcedência pronunciadas em seu escritório.

O mais precioso trabalho do advogado civilista é o que ele realiza antes do processo, matando os litígios logo no início com sábios conselhos de negociação, e fazendo o possível para que eles não atinjam aquele paroxismo doentio que torna indispensável a recuperação na clínica judiciária. Vale para os advogados o mesmo que para os médicos: embora haja quem duvide que o trabalho deles seja de fato capaz de modificar o curso da doença já declarada, ninguém ousa negar a grande utilidade social da sua obra profilática.

O advogado probo deve ser, mais que o clínico, o higienista da vida judiciária — e, precisamente por esse trabalho diário de desinfecção da litigiosidade, que não chega à publicidade dos tribunais, os juízes deveriam considerar os advogados como seus mais fiéis colaboradores.

Não é verdade, como ouvi dizerem alguns causídicos inescrupulosos, que a questão jurídica é de competência do advogado e a questão moral de competência do cliente. Creio, ao contrário, que é uma nobre tarefa do advogado precisamente levar o cliente a considerar as questões de moralidade antes das questões de direito, e fazê-lo entender que os artigos dos códigos não são cômodos pára-ventos fabricados para esconder sujeiras.

Considerar a questão de direito como um teorema a ser demonstrado por meio de fórmulas abstratas, em que os homens são representados por letras e os interesses por cifras, é coisa que o jurista pode fazer num tratado ou numa lição; mas o advogado prático deve ver, por trás das fórmulas, os homens vivos. Deixemos os professores ensinarem na escola que a lei é igual para todos; caberá depois ao advogado explicar aos clientes que o direito civil é feito sobretudo para os bem situados, havendo para os demais o direito penal.

De acordo com Racine, os sessenta anos são a idade adequada para litigar, le bel âge pour plaider. *Mas todos os advogados conhecem clientes para os quais em qualquer idade, mesmo naquela em que outros sonham com o amor ou a glória, o objetivo essencial da existência é o litígio, para o qual são arrastados não por malignidade ou por avidez, mas pela doentia exacerbação daquela sedenta curiosidade pelo misterioso amanhã, que todo homem sábio consegue reprimir no fundo do coração, quando a sente despertar consigo todo santo dia. O de-*

mandista gosta dos processos porque estes renovam-lhe, gradativamente, a ansiedade da expectativa; a derrota não o desanima, porque faz dobrarem nele os enigmas da revanche; e, se multiplica as reclamações e os incidentes, ele o faz não porque espere sejam acolhidos, mas porque lhe permitem continuar a criar diante de si uma série de metas, que prolongam seu desejo de viver até poder alcançá-las. Seu pavor é o fim do processo, ainda que saia vitorioso, pois significa a revelação do mistério, o desaparecimento do risco, o bloqueio do futuro. Para que viver, quando a última sentença foi pronunciada? Mais vivre sans plaider, est-ce contentement? *Que prazer existe em viver sem litigar?*

Conheço um venerando litigante, hoje com mais de noventa anos, que depois dos sessenta intentou uma ação para receber uma herança contestada. Seus adversários, que então eram jovens, acreditaram que a melhor tática contra ele seria a de cansá-lo com expedientes dilatórios, enquanto esperavam sua morte, que calculavam não muito distante. E começou então o épico duelo entre o processo e a longevidade. Mas, enquanto com o passar dos anos novas gerações de advogados se encarregavam da causa, e iam se aposentando um a um os magistrados que haviam pronunciado as primeiras sentenças, só ele, o velhote, em vez de decair, adquiria novo vigor a cada incidente que remetesse ainda mais para um incerto futuro a solução do processo. Ainda hoje ele persevera, impávido, com a sua longa barba de patriarca esvoaçando atrás de uma trincheira de papéis autenticados, e fita com ar desafiador os adversários, que imaginando erradamente terem como aliada a morte, que se oporia à vitória do velhote, não perceberam que somente a vitória poderia fazê-lo morrer.

Convém abster-se de tachar gratuitamente como demandista qualquer homem de bem que bata à porta do tribunal para pedir ajuda contra a prepotência e a má-fé de outrem, assim como de alegrar-se à toa quando as estatísticas judiciárias dizem que a litigiosidade está em diminuição. Se algumas vezes a tendência ao litígio é reveladora de instintos anti-sociais doentios, recorrer aos tribunais, outras vezes, é prova da firme decisão de defender a ordem social contra os prepotentes, e da sadia fé na administração da justiça.

Litigar pode querer dizer (como no caso do célebre moleiro de Sans-Souci) ter fé na seriedade do Estado; pode querer dizer, também, prestar um ser-

viço ao Estado, porque este encontra na defesa do direito sua mais elevada expressão e deve agradecer ao cidadão que, ao lhe pedir justiça, lhe dá, assim, ocasião de reconfirmar, defendendo o direito, sua razão de ser mais essencial. Não esqueçamos que Sólon, segundo Aristóteles, havia redigido suas leis de forma propositadamente obscura, para que dessem lugar a muitas controvérsias e oferecessem assim ao Estado o meio de aumentar, com o julgamento destas, sua autoridade entre os cidadãos.

No dia em que eu visse os tribunais fecharem por falta de causas cíveis, não sei se me alegraria ou me entristeceria. Me alegraria se, num mundo em que não se encontrasse mais ninguém disposto a fazer mal a seu semelhante, isso significasse o advento do amor universal; me entristeceria se, num mundo em que não se encontrasse mais ninguém disposto a rebelar-se contra a prepotência alheia, isso significasse o triunfo da vilania universal.

Onde acaba a santa altivez que manda não baixar a cabeça diante da prepotência e onde começa a

baixa e petulante litigiosidade, que repele todo senso de tolerância social e de compreensão humana? Esse é um dos problemas mais difíceis que todo dia atormentam a consciência do advogado, o qual sabe que a trairia ainda mais gravemente se reprimisse no coração do justo a heróica intenção de lutar, por sua conta e risco, pela justiça.

A fé que certos clientes, especialmente gente humilde e inculta, depositam nas virtudes dos advogados e na infalibilidade dos juízes às vezes é tão cega e absoluta que provoca ao mesmo tempo espanto e ternura.

Quando, diante das dúvidas honestas que exprimo sobre o desfecho de uma causa, ouço o cliente dizer-me: "Advogado, se o senhor quiser, com certeza o tribunal me dará razão", tenho vontade de abrir os olhos desse iludido, que não sabe com quantos riscos está semeado o caminho dos advogados. Mas, depois, penso que sentir assim a justiça como um nume onipotente, que não se invoca em vão, talvez seja a conquista mais elevada da civilização e é, por certo, o cimento que melhor mantém unida a sociedade humana.

E não tenho coragem de desenganar o bom sujeito.

É uma expressão típica não de degeneração, mas de elevação profissional, o sentimento de alguns advogados — que estimariam ser indecorosa e torpe mesquinharia litigar em causa própria por poucas centenas de liras — de que patrocinar o cliente é sempre, em qualquer caso, um ofício digno e nobre, qualquer que seja a soma envolvida no litígio, mesmo se mínima.

Isso acontece porque, para o advogado que defende a causa alheia, está em jogo não o montante econômico da causa (que é problema do cliente), mas o empenho de honra pelo qual sente-se pessoalmente vinculado a quem teve confiança nele, a ponto de entregar-lhe a tutela do seu direito; melhor dizendo, quanto mais insignificante o valor pecuniário da causa, mais aumenta na consciência do patrono o valor humano dessa confiante submis-

são do pobre, que encontra no advogado o confidente de suas misérias.

★ *Quão pouco honrada é a justiça na Itália, demonstram-no as vexatórias barreiras fiscais que a cada passo obstruem o caminho que leva a ela. O juiz não poderá encarar a verdade se, antes, ela não estiver devidamente autenticada; a sentença não poderá ser executada se, antes, não for registrada. A verdade e a justiça não entrarão no território da República se não tiverem os vistos alfandegários exigidos — são como aquelas mercadorias de luxo cuja entrada no Estado se procura impedir com altíssimas taxas. A importação da justiça é vigiada mais severamente que a das drogas estupefacientes.*

As taxas judiciárias constituem, assim, um verdadeiro regime de protecionismo, para não prejudicar a florescente produção nacional da injustiça.

Mas o fenômeno mais singular é o do papel autenticado. No processo civil, em que as defesas se fazem predominantemente por escrito, os advogados devem escrevê-las em preciosas folhas de papel filigranado, cada uma delas podendo chegar a custar quase quinhentas liras: contando-se as linhas, pode-se calcular que, para cada linha escrita, deve-se pagar ao fisco um pedágio de cinco liras. Pode-se dizer que, na Itália, é obrigatório escrever as petições em notas de dinheiro. Seria mais econômico (e mais agradável para os juízes) escrevê-las em pergaminhos ornados de iluminuras.

Todavia, ouvi alguns juízes aprovarem esse fiscalismo processual: — Quanto mais custam as causas, menos elas são! — Eles aprovam sobretudo o aumento do preço do papel autenticado: — Assim os advogados escreverão menos!

Erro, erro! Na realidade, já que as despesas são um dos indícios da importância de uma causa, quanto mais aumentar o preço das autenticações mais aumentam as despesas da causa e, logo, a importância desta. — Então (diz o advogado), como esta é uma causa importantíssima, tenho o dever de defendê-la melhor, ou seja, de escrever mais!

★ O adiamento, símbolo da vida italiana: nunca faça hoje o que pode deixar para amanhã. Todos os defeitos, e talvez todas as virtudes dos costumes italianos, resumem-se na instituição do adiamento: reconsiderar, não se comprometer, adiar a escolha, manter o pé em dois estribos, o jogo duplo, o tempo a tudo traz remédio, ir levando.

A experiência da vida parlamentar demonstroume que, quase sempre, especialmente no fim da sessão, a única maneira de pôr de acordo maioria e oposição é propor a "suspensão". Quando alguém propõe deixar a discussão para outro dia (e por hoje, enquanto isso, ir jantar), ninguém quer saber qual o partido do proponente e todos se põem de acordo erguendo a mão.

O mesmo se dá nos processos. Antes de começar o julgamento (especialmente quando se prevê que será longo e cansativo), advogados e juízes se encontram no mesmo estado de espírito de quem entra na sala de espera do dentista e torce para que a enfermeira diga que naquele dia o doutor não atende.

Sustentar um arrazoado ou ouvi-lo é sempre uma perspectiva desagradável — quando se pode deixar a broca para outro dia, dá-se um suspiro de alívio, e, por ora, o paciente sai à rua com a ilusão de que o dente não dói mais.

★ *O Tribunal de Cassação foi instituído para manter, como se costuma dizer, a "uniformidade da jurisprudência", isto é, para garantir que as leis, quando aplicadas aos casos controvertidos, sejam interpretadas pelos juízes sempre do mesmo modo. Mas essa exigência da interpretação uniforme e constante é mais fácil de ser enunciada em teoria do que respeitada na prática. Porque, entre os casos que caem sob os olhos do juiz, não há um só que não apresente alguma característica singular, capaz de distingui-lo de todos os demais. E essa nuance diferente do fato (para não falar do humor variável dos juízes) basta para fazer com que, colocada diante dele, mesmo a lei se apresente sob uma fisionomia nova e imprevista.*

Não há, pois, motivo para se escandalizar com que, mesmo grau de cassação, entre duas turmas chamadas a decidir em duas causas diferentes a mesma questão de direito, vez por outra se manifestem diversidade de opiniões e, portanto, clamorosas disparidades de jurisprudência. Aconteceu certa vez, por uma curiosa coincidência que mais pareceu uma maldosa brincadeira do destino, que na mesma manhã duas turmas cíveis, que julgavam simultaneamente em duas salas contíguas, fossem chamadas a resolver, em dois recursos diferentes, a mesma difícil questão relativa ao significado de certo artigo da lei especial sobre aluguéis, e a resolvessem, ape-

sar dos dois casos serem absolutamente semelhantes, de modo diametralmente oposto.

O recorrente, que numa das salas perdeu a causa, teria ganho (com os mesmos argumentos) se tivesse sido julgado na sala ao lado. Quando saiu ao corredor, onde as portas das salas se abrem uma ao lado da outra, estava estupefato com essa diferença, inexplicável para um profano; e, naturalmente, descontava em seu advogado:

— Está claro que o senhor errou na defesa...

— Não — replicou o advogado —, errei foi de porta.

★ Desde os tempos de Justiniano, quando se concebiam os meios processuais para impedir que os litígios se tornassem paene immortales, o processo era imaginado como um organismo vivo, que nasce, cresce e, por fim, se extingue por morte natural com o julgado, quando não intervém, para fazê-lo morrer antes, aquela espécie de infanticídio processual que é a conciliação, ou aquela anemia perniciosa que é a perempção.

Mas essa personificação do processo concebido como uma criatura viva, eu nunca tinha percebido tão natural e elegante como na linguagem de um velho camponês toscano, que certa vez me procurou para que o defendesse em apelação numa causa que, na simples fase de primeira instância, já durara seis anos.

Com um sorriso bonachão e resignado, ele me disse:

— Senhor advogado, afeiçoei-me a esta causa. Ponho-a em suas mãos. Veja, ela tem seis anos, já está grandinha. Podemos começar a mandá-la para a escola.

Falava com um tom de ternura, como se fosse um avô apresentando a netinha à professora.

★ Não se poderá criticar o advogado se alguma vez sustentar teses jurídicas em oposição à jurisprudência ou, até mesmo, ao bom senso, pois, freqüentemente, isso que pode parecer descaramento ou ignorância é apenas cautela aconselhada por uma longa experiência. De fato, são cem as interpretações que podem ser dadas de uma lei, e nunca se pode prever com segurança qual delas o juiz irá escolher — talvez lhe pareça mais plausível aquela que, para nós, parece a mais absurda.

Aconteceu-me certa vez (mais de uma) recusar uma causa que eu achava não poder defender sem faltar com o respeito ao juiz e a mim mesmo, e fiquei sabendo, um ano depois, que o cliente recusado por mim a confiara a outro advogado que, não tendo meus escrúpulos, a defendera sem hesitar e ganhara. Ouvi do ganhador, que se deu ao gosto de vir anunciar-me sua vitória, exatamente estas palavras: — O senhor, caro advogado, é mais honesto do que corajoso.

★Lembro sempre com amargor que certa feita arruinei meu cliente, porque não me parecia sério sustentar uma tese oposta à que era, então, a opinião do Tribunal de Cassação. Fiz isso por sensatez, por respeito à jurisprudência do Tribunal. Mas, um ano depois, a jurisprudência mudara da água para o vinho. Se eu não tivesse sido tão sensato, teria perdido a causa em apelação, mas teria podido ganhá-la em grau de cassação um ano depois; no entanto, *por ter levado demasiado a sério o respeito devido à jurisprudência, fui artífice involuntário da derrota do meu cliente.*

IX

DAS PREDILEÇÕES DOS ADVOGADOS E JUÍZES PELAS QUESTÕES DE DIREITO OU PELAS QUESTÕES DE FATO

Também na vida judiciária os ofícios mais úteis costumam ser os menos valorizados. Há, entre os advogados e os magistrados, certa tendência a considerar material descartável as questões de fato e dar à qualificação de "fatista" um significado depreciativo; ao passo que, para quem busca nos defensores e nos juízes mais a substância do que a aparência, essa qualificação deveria ser um título honorífico.

O fatista, magistrado ou advogado, é um homem de valor, modesto mas honesto, para quem importa mais encontrar a solução justa que melhor corresponda à realidade concreta do que fazer bela figura como colaborador de revistas jurídicas; e que, pensando mais no bem dos réus do que no seu próprio, consagra-se, por eles, ao longo estudo dos autos, que requer abnegação e não dá glória.

É pena que, na atual organização da carreira judiciária, a constância com que o juiz ouve as testemunhas e a diligência com que anota os documentos não sejam, como as sentenças brilhantemente fundamentadas em razões de direito, títulos que pos-

sam ser levados em conta para a sua promoção; por isso, o juiz que tem predileção pelas questões de direito pensa, com freqüência, muito mais na promoção do que na justiça.

Havia um médico que, quando era chamado à cabeceira de um enfermo, em vez de se pôr a observá-lo e a ouvi-lo pacientemente para diagnosticar seu mal, começava declamando certas dissertações filosóficas sobre a origem metafísica das doenças, que, segundo dizia, demonstravam serem supérfluas a auscultação do paciente e até mesmo a tomada da temperatura. Os parentes que esperavam o diagnóstico em torno da cama ficavam pasmos com tamanha sabedoria; e o doente, algumas horas depois, morria tranqüilamente.

Esse médico, se fôssemos defini-lo com jargão forense, poderia ser chamado de um especialista em "questões de direito".

Ex facto oritur ius *é uma velha máxima, prudente e honesta, que impõe, a quem quiser julgar bem, verificar antes de mais nada, com fidelidade pedante, os fatos que se discutem. Mas certos advogados a entendem ao revés: depois de arquitetarem uma brilhante teoria jurídica que se preste aos virtuosismos do engenho fácil, ajustam os fatos imediatamente, de acordo com as exigências da teoria; e assim* ex iure oritur factum.

Somente o jurista puro, que escreve tratados ou leciona, pode se dar ao luxo de ter opiniões rígidas sobre certas questões de direito e de combater abertamente a jurisprudência dominante, quando a considera errada. Mas o advogado deve sempre manter em torno da interpretação a ser dada às leis certa elasticidade de opinião, de modo que, seja como for, possa adotar, quando se trata de defender o interesse do seu cliente, a interpretação que, por ser seguida pelas mais respeitadas autoridades, assegure à sua causa as maiores probabilidades de vitória. Não é bom advogado aquele que não sabe re-

sistir à inebriante tentação de experimentar in corpore vili *seus novos achados teóricos. Quando se trata de agir sobre a carne viva do cliente, a prudência deve aconselhá-lo a ater-se, como advogado, ao* video meliora proboque, deteriora sequor, *ainda que, como jurista, perceba que a jurisprudência predominante está errada.*

"*Elegantes questões de direito*", *inúteis parênteses de virtuosismo e de agilidade, que só servem para estragar a clareza humana do tema, como aquelas acrobáticas variações com que certos virtuoses do violino gostam de embaraçar no meio o fio da sonata.*

Ouve-se repetir que a prova testemunhal é o instrumento típico da má-fé processual e que das teste-

munhas, desmemoriadas quando não corruptas, a justiça só pode esperar traições. Talvez seja verdade. Mas desconfio que a maior responsável por essa tradicional queixa contra a falácia dos depoimentos é a inépcia ou a preguiça dos que são chamados a colhê-los.

Quando vemos que, em certos tribunais, os juízes encarregados da instrução cível costumam deixar (talvez por estarem sobrecarregados de outras tarefas) aos escrivães ou aos procuradores o delicadíssimo ofício de interrogar as testemunhas, somos levados a pensar que, se elas não dizem a verdade, a culpa não é só delas. Um juiz sagaz e decidido, que tenha certa experiência da alma humana, que tenha tempo disponível e que não considere uma mortificante atividade de amanuense a despendida em colher as provas, sempre consegue tirar da testemunha, mesmo a mais obtusa e mais relutante, alguma preciosa gota de verdade.

Seria necessário que na preparação profissional dos magistrados fosse dada grande importância aos estudos experimentais de psicologia dos testemunhos; e que, nas promoções, mais do que a sabedoria com que o juiz sabe ler os códigos impressos, fosse considerada título de mérito a paciente penetração com que sabe decifrar as criptografias ocultas no coração das testemunhas.

Algumas vezes, nos processos, a preponderância dada por advogados e juízes às questões de direito ou às questões de fato não corresponde às reais necessidades da causa, mas é determinada por motivos táticos, que somente os especialistas conseguem ler nas entrelinhas das motivações.

Outrora, quando as sentenças dos antigos Parlamentos franceses eram impugnáveis por erro de fato, mas não por erro de direito, a maior habilidade dos advogados parecia ser a de transformar qualquer dúvida jurídica em questão de fato. O contrário acontece hoje com os advogados "cassacionistas", os quais, para poderem reformar em grau de cassação as decisões recorríveis apenas por violação da lei, extraem das mais modestas e concretas circunstâncias de fato pretextos para dissertar de apicibus iuris.

Mas não desejaríamos que os juízes utilizassem esses expedientes cavilosos. Dá pena vê-los, às vezes, para porem seus vereditos ao abrigo da reforma, esmerarem-se em passar por alto questões essenciais de direito, e dar à luz certas decisões tão *pesadamente fundamentadas "no fato", que parecem revestidas de uma desajeitada couraça destinada a impedir não só os golpes habilidosos dos advogados (o que pode ser bom), mas também (o que sem dúvida é ruim) o olhar indagador do Tribunal de Cassação.*

Dizer de um juiz que suas sentenças são "bonitas", no sentido de que são ensaios de estilo ornamentado e de brilhante erudição exposta em vitrine, não me parece que seja fazer-lhe um elogio. As sentenças dos juízes devem, simplesmente, nos limites das possibilidades humanas, ser justas. Diante da seriedade do objetivo prático a que devem servir, que é o de trazer a paz entre os homens, considerá-las sob o aspecto puramente estético significa, se não me engano, crer que a justiça possa se rebaixar ao nível de um passatempo literário ou de um exercício escolar.

Não se pode esquecer que, se nas sentenças se desse valor sobretudo a escrever bem, o mérito mais verdadeiro dessa literatura deveria ser atribuído aos advogados, de cujos escritos os juízes podem extrair a mancheias as gemas estilísticas, para engastá-las sem dificuldade na fundamentação das suas sentenças. Mas o juiz consciencioso sabe que, se lhe é lícito tomar emprestado aos advogados os ornamentos da retórica e da erudição quando se trata de tornar mais brilhantes as premissas dialéticas da sua sentença, no momento de concluir deve despojar-se de toda e qualquer literatura, para ouvir dentro de si apenas a palavra desornada da justiça, que desdenha as belas frases e se exprime por monossílabos.

X

DO SENTIMENTO E DA LÓGICA NAS SENTENÇAS

A fundamentação das sentenças é certamente uma grande garantia de justiça, quando consegue reproduzir exatamente, como num esboço topográfico, o itinerário lógico que o juiz percorreu para chegar à sua conclusão. Nesse caso, se a conclusão estiver errada, poder-se-á descobrir facilmente, através da fundamentação, em que etapa do seu caminho o juiz perdeu o rumo.

Mas quantas vezes a fundamentação é uma reprodução fiel do caminho que levou o juiz até aquele ponto de chegada? Quantas vezes o juiz está em condições de perceber com exatidão, ele mesmo, os motivos que o induziram a decidir assim?

Representa-se escolarmente a sentença como o produto de um puro jogo lógico, friamente realizado com base em conceitos abstratos, ligados por uma inexorável concatenação de premissas e conseqüências; mas, na realidade, no tabuleiro do juiz, as peças são homens vivos, que irradiam invisíveis forças magnéticas que encontram ressonâncias ou repulsões, ilógicas mas humanas, nos sentimentos do judicante. Como se pode considerar fiel uma funda-

mentação que não reproduza os meandros subterrâneos dessas correntes sentimentais, a cuja influência mágica nenhum juiz, mesmo o mais severo, consegue escapar?

Embora se continue a repetir que a sentença pode se reduzir esquematicamente a um silogismo no qual, a partir de premissas dadas, o juiz tira a conclusão apenas em virtude da lógica, às vezes acontece que o juiz, ao formar a sentença, inverta a ordem normal do silogismo; isto é, encontre antes a conclusão e, depois, as premissas que servem para justificá-la. Essa inversão da lógica formal parece ser oficialmente aconselhada ao juiz por certos procedimentos judiciários, como aqueles que, enquanto lhe impõem tornar público, no fim da audiência, o dispositivo da sentença (isto é, a conclusão), consentem que retarde por alguns dias a formulação dos fundamentos (isto é, das premissas). A própria lei, portanto, parece reconhecer que a dificuldade de julgar não consiste tanto em achar a conclusão, que pode ser coisa a se resolver no mesmo dia, quanto em achar depois, com mais longa meditação, as pre-

missas de que essa conclusão deveria ser, segundo o vulgo, a conseqüência.

As premissas, não obstante seu nome, freqüentemente são elaboradas depois — em matéria judiciária, o teto pode ser construído antes das paredes. Com isso, não se quer dizer que o dispositivo surja às cegas e que a fundamentação tenha o único objetivo de mostrar como fruto de rigoroso raciocínio o que, na realidade, é fruto do arbítrio; quer-se dizer apenas que, no julgar, a intuição e o sentimento muitas vezes têm um papel bem maior do que parece a quem vê as coisas de fora. Não é por nada, diria alguém, que sentença deriva de sentir.

Para entender a diferença entre a psicologia do advogado e a do juiz, costuma-se dizer que o primeiro é chamado a encontrar, diante de uma conclusão já conhecida (a que dá razão a seu cliente), as premissas que melhor servem para justificá-la, enquanto o segundo é chamado a tirar de premissas conhecidas (as que resultam do processo) a conclusão que delas decorre logicamente.

Mas a diferença nem sempre é tão clara assim. Algumas vezes, o juiz também se desdobra para *conceber* a posteriori *os argumentos lógicos mais aptos a sustentar uma conclusão já sugerida antecipadamente pelo sentimento.*

Portanto, pode acontecer que também o juiz, como o advogado, parta da conclusão para chegar às premissas. Mas, enquanto para o advogado essa conclusão é determinada pelo cliente, para o juiz é estabelecida por aquela misteriosa e clarividente virtude de intuição, que se chama senso de justiça.

Mais que nos virtuosismos cerebrais da dialética, os bons juízes confiam em sua sensibilidade moral. E, quando são obrigados a encher de argumentações jurídicas a fundamentação das suas sentenças, consideram esse trabalho um luxo de intelectuais desocupados, porque estão convencidos de que, quando aquela sua voz íntima já as ditou dentro deles, suas respostas não necessitariam de provas adicionais.

Todos os advogados sabem que os decisórios justos são muito mais freqüentes do que fundamentações irrepreensíveis, de modo que, muitas vezes, depois de uma reforma por vício de fundamentação, o redator do acórdão não pode fazer outra coisa, em sã consciência, senão reproduzir, com maior habilidade, o dispositivo da decisão reformada. Isso acontece porque, às vezes, o juiz de dotes morais superiores aos dotes intelectuais sente, por intuição, de que lado está a razão, mas não consegue encontrar os expedientes dialéticos para demonstrá-lo.

Penso que a angústia mais obsessiva para um juiz escrupuloso deve ser exatamente esta: sentir, sugerida pela consciência, qual a decisão justa, mas não conseguir encontrar os argumentos para demonstrá-la logicamente. Sob esse aspecto é bom que também o juiz tenha um pouco da habilidade do advogado, porque, ao redigir a fundamentação, deve ser o defensor da tese já estabelecida por sua consciência.

De tanto ver publicadas nas revistas as mais "belas" fundamentações isoladas do dispositivo, e de *vê-las consideradas título de mérito no chamado "escrutínio" para as promoções, é perigoso que algum juiz se habitue a considerar o dispositivo um elemento secundário da sentença, isto é, apenas uma ocasião para fazer uma bela fundamentação, a qual se tornaria, assim, em vez de uma ponte de passagem para a justa conclusão final, o verdadeiro fim do ato de julgar.*

Pode-se dar por certo que não entenderia a santa seriedade da justiça o juiz que, mais que oferecer aos sofrimentos das partes uma justa solução, se empenhasse em oferecer ao entretenimento dos leitores um ensaio de bela literatura. Poderia resultar daí uma espécie de padre Zapata judiciário, o juiz que fundamenta bem e decide mal.

Nem sempre sentença bem fundamentada quer dizer sentença justa, e vice-versa. Às vezes, uma fundamentação negligente e sumária indica que o juiz, ao decidir, estava tão convencido de que sua conclusão fosse correta que considerava perda de tempo pôr-se a demonstrar a evidência; do mesmo modo que, outras vezes, uma fundamentação proli-

xa e acurada pode revelar no juiz o desejo de dissimular a si mesmo e aos outros, à força de arabescos lógicos, sua perplexidade.

Não digo, como ouvi repetir, que a inteligência excessiva seja prejudicial ao juiz; digo que o juiz ótimo é aquele em que prevalece, sobre a cauta cerebralidade, a pronta intuição humana. O senso de justiça, pelo qual, sabidos os fatos, logo se sente quem está com a razão, é uma virtude inata, que nada tem a ver com a técnica do direito — como na música, em que a maior inteligência não consegue suprir a falta de ouvido.

★ *Os juízes também, como todos os homens, preferem normalmente mover-se seguindo as vias do menor esforço. Se uma causa que apresenta numerosas questões difíceis pode ser resolvida* in limine *com uma exceção processual que poupe o trabalho de entrar no mérito, já é um ganho.*

Todavia, há certas ocasiões em que os juízes apreciam as questões difíceis, e, quanto mais questões difíceis tenha uma causa, mais lhes agrada.

Percebi isso certa vez, quando fui ao cartório retirar, durante a fase de instrução, os autos de uma causa, muito grave e complicada, da qual eu era o defensor. Desde o início, a causa fora confiada para instrução ao juiz X, de modo que, na estante em que o escrivão costuma manter guardados os autos dos processos em curso, aquela pasta deveria encontrar-se no compartimento em nome daquele juiz. Só que a encontrei no compartimento do juiz Y. Espantou-me aquela mudança, porque a lei estabelece o princípio da "imutabilidade do juiz de instrução", o qual, uma vez nomeado, deve permanecer o mesmo por toda a causa, só podendo ser substituído nos raríssimos casos de "absoluto impedimento ou graves exigências de serviço". Pedi a explicação daquilo ao escrivão.

Ele me respondeu:

— O juiz Y está para passar pelo escrutínio e procura causas difíceis, que lhe dêem ocasião de escrever sentenças doutas, a fim de se valer delas como títulos para a promoção. Então, ao saber que a causa confiada ao colega X estava cheia de belas questões, pediu-lhe que a cedesse a ele, e o juiz X,

que é muito mais jovem que ele e por ora não pensa na promoção, ficou muito contente em livrar-se daquele osso!

Esse episódio trouxe-me à mente um dos mais surpreendentes fenômenos da natureza, o das migrações das enguias. Estas, guiadas por misteriosos instintos de amor e de reprodução, são levadas em certas estações a subir os rios em busca de águas doces tranqüilas, e em outras a descer de volta para o mar, em busca de sal. Os juízes também têm seus instintos sazonais: normalmente preferem a água doce das causas estagnadas; mas, quando se aproxima a estação das promoções, entram em cio e o instinto força-os a migrar, procurando questões difíceis, em direção às águas agitadas das causas salgadas.

★ *Não basta que os magistrados conheçam com perfeição as leis tais como são escritas; seria necessário que conhecessem igualmente a sociedade em que essas leis devem viver.*

O tradicional aforismo iura novit curia *não tem nenhum valor prático se não se acompanhar deste outro:* mores novit curia.

★ *À força de trabalhar sobre os artigos dos códigos e de compará-los com os casos práticos, os juízes chegaram a discernir na lei uma quantidade de significados que estavam implícitos em sua fórmula geral mas não eram visíveis a olho nu. A lógica jurídica assemelha-se à lente de aumento, que serve para distinguir e isolar os finíssimos fios retorcidos de que é composto um barbante (cada fio da lei se torna, através da lógica do juiz, uma máxima de jurisprudência); ou melhor, assemelha-se ao binóculo, através do qual, à medida que se ajusta o foco, os detalhes das coisas se tornam visíveis, os contornos se tornam mais nítidos. Por fim, quando o binóculo está com o foco ajustado, parece que não há mais nada a descobrir. Assim acontece no caso desse paciente trabalho de focalização que os juízes realizam na lei: no lugar dela, freqüentemente lacunosa e obscura, entra um sistema acabado e coerente de máximas jurisprudenciais,* auctoritas rerum perpetuo similiter iudicatarum, *em cujo âmbito todo caso possível parece que deve encontrar sem dificuldade sua sistematização precisa.*

Mas eis que ao juiz, que vivia tranqüilo com a convicção de ter pronto para todos os casos o compartimento apropriado dentro dos lúcidos esquemas da jurisprudência consolidada, apresenta-se um caso imprevisto, que perturba sua tranqüilidade, porque ele percebe que, se quisesse encaixá-lo a qualquer preço naqueles esquemas, resultaria uma solução contra a qual seu sentimento se rebela.

*Como pode ser resolvido o angustiante dilema entre o cômodo conformismo, apegado ao que sempre foi decidido (*stare decisis*), e a consciência inquieta, que cada vez quer refazer seus cálculos? Tudo depende do juiz em que se produz esse embate. O risco das causas costuma estar neste antagonismo: entre o juiz lógico e o juiz sensível; entre o juiz conseqüencial e o juiz precursor; entre o juiz que para não cometer uma injustiça está disposto a se rebelar contra a tirania da jurisprudência e o juiz que, para salvar a jurisprudência, está disposto a deixar esmagar nas inexoráveis engrenagens da sua lógica um homem vivo.*

⋆ Um velho magistrado presidira um processo contra um velho caixa, a vida inteira honesto, mas que na velhice, para remediar os malefícios de um filho destrambelhado, se apropriara de um dinheiro do patrão. Era um caso doloroso, mas lei é lei e tiveram de condená-lo a dois anos de reclusão.

Poucos dias depois dessa condenação, o advogado que defendera o pobre coitado deu, na mesma calçada, com o velho presidente que vinha cabisbaixo, arrastando o passo, imerso em seus pensamentos.

— Bom dia, senhor presidente.

Este pára, como que despertando de um sonho, ergue o rosto taciturno e perturbado:

— Advogado, advogado...

— O que foi, senhor presidente?

— Advogado, advogado, uma grande dor... Uma senhora me deteve, ali na esquina: a velha empregada daquele desgraçado que condenamos a dois anos. Disse-me: "O que vocês fizeram com meu patrão? Que mal ele lhes fez? Faz quarenta anos que trabalho para ele e sei o quanto é bom. Por que o fazem sofrer assim? Por que o deixam na prisão?" Advogado, advogado, daqui a pouco chego à idade-limite; a vida inteira exerci esta profissão. Já deveria estar acostumado, mas não resisto à censura dos humildes...

E ele se foi cambaleando, cobrindo os olhos com a mão.

★ *O advogado se dá conta (pois se trata de seus instrumentos de trabalho) das inexoráveis exigências da lógica jurídica e das razões de ordem geral que aconselham a manutenção, na medida do possível, da uniformidade da jurisprudência, garantia da certeza do direito e da igualdade de todos os cidadãos perante a lei. Mas, em certos casos, como pode conseguir explicar a seu cliente, especialmente se este é uma pessoa humilde e ignara das coisas jurídicas, que a uniformidade da jurisprudência às vezes pode servir para justificar as mais impiedosas injustiças?*

Basta-me recordar um caso. Um barão latifundiário, quando já tinha uma prole legítima nascida da sua nobre consorte, por uma fantasia da maturidade seduzira uma moçoila de suas terras, tendo com ela um filho e uma filha; depois cansou-se do capricho e deixou sem ajuda a mãe, que no entanto, com seu trabalho, conseguiu criá-los e fazer deles duas pessoas honestas — dois pobres, uma bordadeira e um pequeno funcionário. O barão morreu em 1940, deixando todas as terras para os filhos legítimos, sem uma palavra para os filhos naturais. Mas, como um artigo do código reconhece aos filhos naturais o direito de uma "pensão vitalícia, proporcional às substâncias hereditárias", os dois pobrezinhos, aos quais os herdeiros legítimos, é óbvio, bateram com a porta na cara, tiveram de intentar um processo para obter a pensão que lhes cabia por lei sobre o patrimônio paterno. A causa durou dez anos. Finalmente, em 1950, o tribunal de apelação, depois de longas investigações instrutórias, condenou os herdeiros legítimos, que haviam herdado um patrimônio avaliado em cerca de meio bilhão de liras, a pagar todo ano a seus irmãos naturais uma pensão global de um milhão (uma miséria, diante das rendas efetivas daquele patrimônio).

Mas os herdeiros legítimos, ávidos também daquele milhão, recorreram; e o Tribunal de Cassação, conformando-se à jurisprudência "consolidada", que, em respeito ao chamado "princípio nominal" da moeda, estabeleceu a diferença (incompreensível para um profano) entre "dívida de valor" e "dívida de dinheiro", considerou que essa pensão vitalícia devia ser liqüidada proporcionalmente ao patrimônio estimado de acordo com a moeda do tempo em que se abrira o inventário, isto é, segundo os valores monetários de 1940, sem levar em conta a desvalorização ocorrida. Em 1940, o patrimônio valia, em moeda de então, cinqüenta vezes menos que hoje; portanto, a pensão também devia ser reduzida na mesma proporção, ou seja, a vinte e cinco mil liras por ano, para os dois filhos naturais, sobre um patrimônio que vale hoje meio bilhão. Decisão perfeitamente coerente com a lógica jurídica, mas moral e socialmente um escárnio, ou uma blasfêmia.

No debate oral, procurei sustentar que as exigências lógicas deviam ceder às exigências morais do penosíssimo caso (e o procurador-geral me apoiou); mas a corte não me seguiu: "dívida de dinheiro", "princípio nominal", ídolos inexoráveis, aos quais não era vedado sacrificar vítimas humanas, contanto que se respeitasse a jurisprudência consolidada.

Meus dois pobres clientes, que tinham assistido à sessão, saíram tranqüilos, não podendo sequer imaginar que o tribunal pudesse cometer contra eles aquilo que devia lhes parecer, mais que uma injustiça, um absurdo. Mas eu estava apreensivo, e quando, à tarde, recebi em meu escritório a notícia nada imprevista, comecei a me atormentar com a idéia de ter de comunicar dali a pouco, às vítimas, aquela condenação atroz, incompreensível para eles.

De repente, o telefone tocou. Era a voz, destroçada pelo pranto, do irmão mais velho:

— Senhor advogado, já soubemos. Estou telefonando da estação. Queremos voltar já para casa, para a nossa miséria; não queremos mais respirar nem mesmo um bocado deste ar maldito.

Eu não sabia o que dizer. Também a mim o pranto estrangulava. Em quarenta anos de profissão raras vezes me sentira tão aviltado...

— Nossos cumprimentos, senhor advogado... — E, após um soluço: — Mas por que vocês nos fizeram tanto mal? Que mal lhes fizemos para nos fazerem sofrer assim?

Na sua ingenuidade popular, ele imaginava advogados e juízes como cúmplices de uma mesma trama monstruosa: os ricos aliados contra os pobres; a lei e a justiça, essa máquina inexorável construída pelos ricos para triturar as razões dos pobres...

(As pessoas acham que, com o passar dos anos, os advogados se habituam à injustiça. Eu, naquela noite, depois de quarenta anos de exercício da profissão, não consegui dormir, de desespero.)

* *Um artigo do código de processo civil obriga as partes e seus defensores a se comportarem com "lealdade". Do juiz, a lei não fala; mas a obrigação*

de lealdade está implícita em sua função, especialmente na fase em que ele se põe a redigir a fundamentação da sua sentença.

Sua lealdade consiste em escrever na sentença os fundamentos verdadeiros que o levaram a decidir assim e, antes de tudo, em procurar dentro de si (o que nem sempre é fácil) quais são os fundamentos verdadeiros.

Um estudioso alemão publicou, cerca de dez anos atrás, um livro sobre a motivação das sentenças, em que demonstra, com uma análise muito penetrante de uma centena de decisões cíveis e penais, que muitas vezes os motivos declarados são bem diferentes dos verdadeiros e que, com muita freqüência, a fundamentação oficial nada mais é que um biombo dialético para ocultar os móbeis verdadeiros, de caráter sentimental ou político, que levaram o juiz a julgar assim.

Pode-se compreender, mesmo quando ele quer ser, na fundamentação, sincero a qualquer preço, que assuma sem querer uma posição mais de defensor do que de juiz. Quando o decisório já foi adotado, o redator é levado naturalmente, como fazem os advogados para defender seu cliente, a escolher e a pôr em evidência os argumentos que podem servir para defender aquele dispositivo não mais discutível.

Mas a deslealdade começaria quando a escolha dos fundamentos lhe fosse sugerida não pelo interes-

se geral da justiça, mas pelo interesse pessoal da sua carreira, o que aconteceria se o juiz — que, para explicar o dispositivo, poderia limitar-se a pôr em evidência a circunstância de fato que o colegiado achou decisiva — se pusesse a adornar a fundamentação com inúteis ostentações de ciência jurídica, para poder sevir-se dessa decisão como um dos títulos para a sua promoção; ou se o juiz, para evitar que sua sentença fosse reformada em grau de cassação, procurasse esconder as razões de direito, que o Tribunal poderia achar errôneas, sob uma fundamentação de fato, que é inatacável, porque o Tribunal de Cassação não pode se manifestar sobre ela.

Estas são pequenas artimanhas cavilosas, às quais seria preferível que o juiz nunca recorresse, do mesmo modo que não gostaríamos de perceber que, certas vezes, os magistrados, chamados a enfrentar em suas sentenças questões gerais de ressonância política (como certas questões relativas à liberdade religiosa ou à liberdade de imprensa), decidem segundo a justiça no dispositivo, mas na fundamentação encontram o meio de se refugiar por trás de argumentos de fato, a fim de não se comprometerem a dar sua opinião sobre a questão de direito. Essa arte de eludir as questões comprometedoras pode ser apreciável num diplomata; no juiz, eu a qualificaria como inconveniente timidez.

O caso mais grave, porém, seria o do magistrado que, encarregado de redigir a fundamentação de uma decisão já adotada pelo colegiado, pusesse deliberadamente em relevo, em vez dos fundamentos capazes de justificá-la, os que melhor servissem para desacreditá-la, com o propósito de fazer os leitores sagazes compreenderem que a decisão é injusta, e de pôr na boca dos julgadores do recurso os argumentos para reformá-la. Muitos anos atrás, essas sentenças eram chamadas "suicidas". Mas, em vez de suicídio, eu falaria de homicídio premeditado, porque elas nasciam sob a ameaça de um engenho explosivo de efeito retardado, que o juiz redator escondera habilmente nas entrelinhas da fundamentação. Assim, a decisão ia pelo mundo levando dentro de si, sem saber, a máquina infernal que no momento exato a faria saltar em pedaços.

Na verdade, esse protesto sorrateiro com que o juiz redator traía a vontade da maioria do colégio tinha todas as características do atentado terrorista que se rebela, com a violência, contra as regras do jogo colegiado; mais que uma deslealdade, era um ato de sedição.

★ *O Tribunal de Cassação, quando rejeita o recurso, tem o poder de corrigir a fundamentação da decisão cujo dispositivo mantém.*

Os fundamentos, bem se sabe, são como as veias que fazem o alimento lógico fluir para aquele ato de vontade que é a decisão; mas aqui, depois dessa operação levada a cabo pelo Tribunal de Cassação, o ato de vontade se acha violentamente preso a um sistema circulatório diferente daquele de seu nascimento. É uma espécie de transplante ou enxerto cirúrgico, em que o Tribunal de Cassação, para salvar a vida da decisão periclitante, chama a si o encargo altruísta que podemos comparar ao dos doadores de sangue.

XI

DO AMOR
DOS ADVOGADOS PELOS JUÍZES
E VICE-VERSA

Não se acredite no advogado que, depois de perder uma causa, faz-se de furioso com os juízes, dá mostra de odiá-los e desprezá-los. Passado o breve mau humor, fugidio como os ciúmes dos namorados, o coração do advogado é todo para a Corte, cruz e delícia da sua vida.

Se os folgazões, voltando do teatro, passarem alta noite debaixo da janela do advogado, irão vê-la iluminada: ele estará lá, à sua mesa, redigindo na calma noturna para a mulher amada, disputada por um rival, ardentes cartas, prolixas, enfáticas e tediosas, como todas as cartas de amor. Essas cartas se chamam petições e essa amada se chama Corte.

Se numa biblioteca pública você vir um advogado tirando das estantes, entre nuvens de poeira, velhos alfarrábios que nenhuma outra pessoa consulta, saiba que ele procura certas fórmulas mágicas, concebidas em séculos remotos por velhos cabalistas, que deverão servir para vencer por encanto as relutâncias de sua bela recalcitrante, a Corte.

E se, em alguma tarde de domingo, o advogado sair sozinho a pé, em direção ao campo, não pense que ele vai espairecer. Procure segui-lo sem que ele perceba e verá que, quando finalmente imaginar que está só, seu rosto se tornará inspirado e sorridente, sua mão se moverá desenhando um redondo gesto inconsciente e seus lábios, dirigindo-se às árvores, habituais confidentes dos namorados, repetirão os sussurros da eterna paixão: — Excelentíssima Corte...

Dizem que os advogados não gostam dos juízes tanto quanto estes merecem. Pois conheço certos defensores que, para melhor persuadirem os juízes com a brandura da pronúncia, com a harmonia do gesto e com a gradação do sorriso, aprendem de cor seus arrazoados e ensaiam-nos diante do espelho. Que namorado chegaria a tal paroxismo de dedicação, a ponto de preparar diante do espelho as frases irresistíveis para sussurrar à amada?

Perguntou um jovem advogado, que ainda tinha o zelo dos neófitos: — Defendi três causas. Em duas, nas quais estava convencido de ter razão, trabalhei muitas semanas para preparar longas petições, todas feitas de bela doutrina; na terceira, em que me parecia não ter razão, limitei-me a deitar sem convicção quatro linhas para propor uma prova testemunhal. Perdi as duas primeiras, ganhei a terceira. Como devo proceder daqui em diante?

Respondeu o velho advogado: — Todas as causas, sem exceção de nenhuma, você deve estudar a fundo, para encontrar os argumentos de defesa mais sérios e mais convincentes. Mas nunca se esqueça de formular, não em lugar dos argumentos mais sólidos, mas em acréscimo a eles, a costumeira exceção de incompetência ou o costumeiro pedido de provas. Assim, se você der com um juiz estudioso (o que quase sempre acontece), ele lhe dará razão pelos argumentos sérios; se der com um juiz apressado (o que acontece algumas vezes), ele lhe dará razão pelos outros.

Quando um juiz, na fundamentação da sua sentença, dirige à defesa de uma parte os epítetos de "hábil", "douta" e similares, quase sempre o faz para atenuar o que pretende dizer depois, a saber: que não se deixa enganar por aquela habilidade e não concorda com aquela doutrina.

Se um advogado, ao ler a fundamentação de uma sentença ansiosamente esperada, topa com tais epítetos laudatórios dirigidos a ele, pode ficar certo, sem precisar ler o dispositivo, de que perdeu a causa.

Quando os espectadores profanos de uma sessão judiciária se aventuram a ler, a partir da atitude dos juízes, horóscopos sobre a sorte da causa em debate, infalivelmente prevêem o contrário do que acontecerá. Se os juízes ficam ouvindo com grande atenção o arrazoado de um defensor, isso não significa, como crê o profano, que sejam favoráveis à tese que ele sustenta, mas, ao contrário, que, já determinados a fazê-lo sucumbir, estão curiosos, no entanto, em saber que diabo ele poderá inventar para sustentar a tese por eles já tacitamente condenada. Se o presidente corta rudemente a palavra de um advogado ou convida-o a concluir, isso não quer dizer, como pode crer o profano, que sua causa está perdida, mas apenas que o tribunal não gosta de continuar a perder tempo ouvindo argumentos de que já se convenceu por conta própria.

O advogado principiante deve aprender a se alegrar em ser interrompido pelo presidente durante o arrazoado, mas também deve aprender que, ao aguardar uma sentença que lhe é particularmente importante, quando pensa encontrar um prenúncio consolador no doce sorriso que o juiz relator lhe dirigiu na rua, respondendo a seu cumprimento, esse sorriso, na iminência da sentença, também é um sinal infausto: os juízes estão sempre dispostos a recompensar com cortesias pessoais fora da audiência os advogados a quem deram como vencido, um minuto antes, na câmara de conselho.

Eu te aconselho, jovem advogado, quando vieres a perder uma causa cível, a folhear diligentemente os autos do processo retirados do cartório e a verificar com cuidado se o juiz relator, ao ler tuas peti-

ções, deixou nelas alguma anotação. Encontrarás muitas vezes, à margem, escritas a lápis, frases de discordância que explicarão, melhor do que a fundamentação da sentença, quais eram os pontos fracos da tua defesa, quais os argumentos que mais indispuseram o relator. E mesmo que não encontres frases de aberta reprovação, bastará algum grifo, ou algum ponto de exclamação, para te revelar fielmente o que o juiz pensava de ti, e isso te servirá de salutar lição.

Por considerações análogas, mas inversas, aconselho-te a nunca dar vazão às tuas impressões, escrevendo-as à margem da sentença que te fez perder a causa, porque amanhã, continuando essa causa, poderias quem sabe tornar a cair nas mãos do juiz que a redigiu.

A amizade pessoal entre o juiz e o advogado não é, ao contrário do que crêem os profanos, um elemento que possa ser vantajoso para o cliente. Porque, se o juiz for escrupuloso, terá tanto medo de que a amizade possa induzi-lo inconscientemente a ser parcial a favor do amigo, que naturalmente se sentirá levado, por reação, a ser injusto contra ele.

Para um juiz honesto, que deve decidir uma controvérsia entre um amigo e um indiferente, é necessária muito maior força de espírito para dar razão ao amigo do que para não lhe dar. É preciso muito mais coragem para ser justo, correndo o risco de parecer injusto, do que para ser injusto contanto que sejam salvas as aparências da justiça.

Para ilustrar o respeito recíproco que deveria existir entre juízes e advogados, parece-me que nenhum exemplo é mais adequado do que este fato, contado por Giovanni Rosadi, famoso penalista florentino.

Ele atuava num processo penal, associado a um defensor muito jovem, que vestia a beca pela primeira vez. Durante o debate, a defesa fizera certo pedido, mas o tribunal, retirando-se por cinco minutos em câmara de conselho, pronunciara uma decisão que o repelia. O defensor novato, fiel à prescrição legal que impõe, a quem quiser conservar o direito de impugnar uma decisão, manifestar de imediato expressa reserva a ela, disse timidamente:

— Elevo respeitoso protesto...

Rosadi, que estava num momento de mau humor, explode:

— Mas que respeitoso! Mas que respeitoso! Diga protesto legal, e pronto!

Então o presidente, que era um homem educado e cortês, dirige-se a Rosadi e lhe diz respeitosamente:

— Advogado, o senhor, que é para os jovens um mestre de doutrina e de eloqüência, por que deseja renunciar à grande honra de também ser para eles um mestre de educação?

Rosadi, que estava sentado em seu banco, pôs-se de pé, num salto. Tirou o barrete, que por hábito sempre usava enterrado na cabeça, e replicou:

— Senhor presidente, errei. Peço-lhe que me desculpe.

E o presidente:

— Essa resposta confirma a excelência do mestre.

E a sessão prosseguiu serenamente.

Fiquei sabendo que um jovem magistrado, estimado por todos pela sua doutrina e por seu caráter, sofrera um grave drama familiar: desaparecera-lhe em poucos dias, por uma doença atroz, a filhinha única a quem era muito apegado. Eu não o conhecia pessoalmente; vira-o uma vez ou outra de longe, como os defensores conseguem ver, na sessão, os juízes escondidos atrás de sua alta mesa; mas precisamente pelo que dele diziam os advogados e por algumas sentenças corajosas que eu lera em revistas jurídicas, seu infortúnio me perturbou como se fosse o de um velho amigo, e senti necessidade de lhe expressar, numa longa carta, minha compreensão por seu sofrimento humano, escondido sob sua impassível compostura de juiz.

Ainda não a tinha remetido quando recebi a notícia de que justamente ele fora nomeado relator de uma causa defendida por mim.

Eu já não tinha mais tempo para explicar-lhe que a carta fora escrita antes que pudesse cair sobre ela a sombra do interesse profissional e precisamente por isso preferi que permanecesse para sempre encerrada em minha gaveta.

★ *Um professor de direito, que está na cátedra há uns quarenta anos e que viu passar por sua sala tantas gerações de estudantes, com freqüência cada vez maior, à medida que os anos passam, reconhece entre os componentes do colegiado de juízes diante do qual se encontra debatendo como advogado alguns daqueles seus antigos alunos, que se tornaram respeitáveis magistrados. Tornar a encontrá-los exercendo aquela função consola-o e, ao mesmo tempo, deixa-o melancólico. Consola-o porque lhe agrada rememorar em sua grave fisionomia de homens maduros o sorriso despreocupado ou até insolente daqueles rapazolas de então; entristece-o porque, ao vê-los já tão adiantados em sua carreira (não apenas juízes de tribunal, mas desembargadores), percebe, tão mais velho que eles, já estar avançado em idade.*

Alguns poderiam pensar que o velho professor, ao patrocinar suas causas diante daqueles magistrados, se encontrasse em condições de particular favor, pois como poderia o ex-aluno, hoje na função de juiz, esquecer que aquele advogado foi seu mestre e não lhe dar razão?

Pois bem, não. O velho professor confiou-me que com ele acontece o inverso: quando num processo tem como relator um desses seus alunos de outrora, pode calcular antecipadamente que, no-

venta por cento das vezes, a decisão lhe será contrária. Como se explica esse contra-senso?

O velho professor refletiu longamente sobre os móveis psicológicos dessa experiência. De início, veio-lhe em mente que se tratava de uma espécie de represália, como se o juiz de hoje raciocinasse assim: — Você se lembra de quanto me atormentou com aqueles exames e aquelas reprovações? Mas agora, ainda bem, o examinador sou eu e cabe a mim reprovar.

Depois, porém, encontrou uma explicação que o satisfaz mais e que lhe apraz acreditar que seja a verdadeira: o magistrado de hoje tem medo de que o afeto para com o mestre de outrora o faça errar; não quer que suspeitem de que ele, como juiz, possa iurare in verba magistri*; e, diante das teses desse advogado excepcional, sente o dever de aguçar todas as suas faculdades críticas, para não se deixar seduzir pela reverência da escola.*

Na verdade, a melhor homenagem que um aluno pode fazer a seu mestre é demonstrar-lhe que se tornou melhor que ele. Essa é a verdadeira razão pela qual aquele juiz, querendo honrar o mestre de outrora, não tem outro meio senão fazê-lo perder a causa.

Esse mesmo professor confiava-me também:

— Por sorte, acontece-me com freqüência, quando discuto uma causa diante de um juiz que foi meu aluno, deparar-me, como defensor da parte adversária, com algum outro colega universitário, que foi, como eu, professor daquele mesmo juiz. Então, com um professor por parte, o equilíbrio fica restabelecido: duas forças iguais e contrárias se anulam.

Mas, nesses casos, há outro perigo: de que o juiz, para não se mostrar condescendente nem com um nem com outro de seus velhos mestres, procure encontrar uma terceira via para não dar ganho de causa a nenhum dos dois.

Dois casos (ocorridos na França no século passado) demonstram que, inclusive em certos desvios profissionais — por sorte raríssimos lá também —, o juiz e o advogado sentem-se reciprocamente complementares, como se um fosse o reflexo do outro: espelhando-se no outro, cada um vê a imagem de si mesmo, mas invertida.

A primeira aventura tem como protagonista um advogado de Nantes, que depois de sustentar uma causa cível, mandou chamar o cliente para lhe dar a feliz notícia de que já fora pronunciada uma decisão plenamente favorável e lhe pedir o pagamento imediato de uma soma vultosa, necessária para registrá-la. O cliente exprimiu o desejo de a ler antes, para depois dar o dinheiro. E o advogado, com grande pressa, lhe fez chegar no dia seguinte uma cópia prontinha da sentença, magistralmente fundamentada, que acolhia plenamente todas as suas exigências e condenava o adversário ao pagamento das custas e honorários. O cliente ficou felicíssimo e desembolsou a soma. Somente alguns meses depois, quando lhe foi notificada pelo adversário a sentença que o fazia perder a causa, percebeu que aquela que seu advogado lhe dera para ler tinha sido forjada por ele, com o fim de lhe arrancar o dinheiro. No entanto, o cliente não considerou o advogado um fraudador, pois reconheceu que, das duas sentenças, a falsa era preferível à verdadeira, de modo que o trabalho diligentíssimo realizado pelo advogado para fundamentá-la de maneira tão exaustiva merecia ser recompensado de maneira adequada.

A segunda aventura tem como protagonista um juiz de Amiens, o qual, quando lhe apresentavam um pedido de liberdade provisória para um detento, aconselhava os parentes deste a dirigir-se a um advogado, seu conhecido, muito competente naquela matéria, residente em outra cidade. Deveriam mandar ao endereço uma determinada soma em dinheiro e certamente aquele advogado, sem precisar falar com os clientes, iria interessar-se pelo caso, iria estudá-lo e redigir logo uma bela peça de defesa, como costumava fazer. De fato, mandado o dinheiro, o juiz recebia poucos dias depois, pontualmente, a petição daquele advogado distante e diligente; estudava-a com a máxima atenção e, convencido dos argumentos nela expostos com tamanha perfeição, concedia a liberdade provisória. Descobriu-se, mais tarde, que aquele advogado não existia e que o endereço era uma espécie de caixa postal do juiz, em cujo bolso, sob aquele nome inventado, ia parar o dinheiro dos clientes. Descobriu-se também que ele, toda vez que recebia uma soma por um desses casos, redigia conscienciosamente um memorial compulsando doutrina e jurisprudência, firmava-o com o nome daquele advogado fictício, apresentava-o a si mesmo e só depois de o estudar e de constatar, com atento exame, que os argumentos nele expostos eram persuasivos, acolhia o pedido com a segurança de estar certo.

Esses fatos demonstram a atração que existe, mesmo na França, entre o juiz e o advogado. Os dois se querem tanto que, vez por outra, põem-se a fazer um o ofício do outro — e demonstram saber fazê-lo.

★ *Pergunta: — Por que, na Itália, não se consegue introduzir seriamente no processo civil o debate oral (que significaria simplicidade, celeridade e lealdade nas relações entre advogados e juízes) e por que, contra a tentativa feita pelo código vigente de tornar oral pelo menos o procedimento diante do juiz de instrução, advogados e juízes se aliaram para voltar pouco a pouco, na prática, ao processo escrito?*

*Resposta: — Porque o debate oral é a expressão da confiança ("basta-me tua palavra"), enquanto a escrita é expressão da desconfiada cautela (*verba volant, scripta manent*: "as palavras voam, os escritos ficam").*

O processo civil, em nosso país, como de maneira mais geral todas as relações entre o cidadão e a administração pública, baseia-se na desconfiança mútua: desconfiança do juiz em relação ao advoga-

do, desconfiança do advogado em relação ao advogado que está à sua frente. Diz o defensor ao defensor adversário: — Ponha por escrito o que me pede; pensarei a respeito e responderei. — Ou então: — O que você está me prometendo, ponha-o por escrito; então começarei a acreditar.

Do mesmo modo o juiz: — Essas argumentações do defensor, prefiro ler no papel; relendo-as com calma, descobrirei se há por trás alguma armadilha. E terei a vantagem de adiar a decisão por alguns meses.

Outra razão se acrescenta para explicar por que, com freqüência, os advogados preferem escrever a falar: por escrito, podem apresentar, sem corar, teses que não teriam a coragem de sustentar face a face com o juiz: charta non erubescit.

(Em suma, se tivesse de definir o costume que rege, no processo, as relações entre os advogados, eu o exprimiria com esta fórmula: "afetuosa desconfiança".)

⋆ *De acordo com as regras escritas no código de processo civil, o juiz instrutor, antes de levar a causa diante do colégio para o debate solene em audiência pública, deveria "instruí-la" (isto é, juntar todos os elementos probatórios que poderão ser úteis para a decisão do colégio) na isolada tranqüilidade de seu escritório. Isso significaria examinar um processo de cada vez, convocar à sua sala, a uma hora exatamente marcada, os dois defensores daquela causa, convidá-los a sentarem-se diante da sua mesa, na presença apenas do escrivão, fechar a porta que dá para o corredor, a fim de evitar a entrada de pessoas estranhas, e conversar com eles com simplicidade e sem pressa,* de plano et sine strepitu iudicii, *até que, através do colóquio confidencial, as questões essenciais da controvérsia ficassem claramente estabelecidas.*

Em vez disso, nos tribunais das grandes cidades, os juízes instrutores, sobrecarregados de trabalho, tiveram de se acostumar a convocar para a mesma hora advogados e partes de vinte ou trinta processos ao mesmo tempo; e os advogados, em vez de esperarem sua vez no corredor, irrompem todos juntos na sala do juiz e se acotovelam em torno da sua mesa, de modo que o pobre coitado fica esmagado sob aquela penca humana, dando a imagem da abelha rainha submersa no burburinho do enxame. A conclusão é que o juiz, incapaz de se orientar naquela confusão (como se alguém imaginasse poupar tempo lendo vinte livros de uma só vez!), reclama da má educação dos advogados, e estes reclamam da inépcia do juiz. Mas juízes e advogados acabam pondo-se de acordo para adiar a causa para outra audiência e atribuir toda a culpa ao código.

★ Isso tudo me traz à mente a imagem patriarcal de um velho penalista de cinqüenta anos atrás (deputado socialista, daqueles socialistas humanitários, como havia na época), que passava o dia visitando seus eleitores por assuntos políticos e só à noite aparecia em seu escritório, onde o esperavam, apinhados na ante-sala, dezenas de clientes — quase todos pobres-diabos que vinham para ser defendidos gratuitamente pelo "onorevole" deputado, por causa de pequenas contravenções de algumas dezenas de liras.

O "onorevole" atravessava a ante-sala, lançava um olhar à volta, cumprimentava com um gesto circular, abria sua sala, onde estavam dispostas em torno da sua mesa uma dezena de cadeiras desconjuntadas.

— Entrem os seis primeiros!

Entravam os seis, de má vontade, olhando com desconfiança um para o outro, embaraçados com aquela promiscuidade. E sentavam-se em semicírculo, com o chapéu na mão. Então, o velho advogado, com ar paternal, dirigia-se ao primeiro:

— Comece você, fale-me do seu caso.

O sujeito hesitava, olhava em torno, enrubescia:

— Sabe, senhor onorevole, trata-se de uma coisa um pouco delicada... Gostaria de falar em particular.

O advogado escrutava-o então com olhos severos:

— Isso é mau, meu rapaz. Os homens de bem nunca têm nada a esconder; se não quer falar em público, quer dizer que se trata de coisas pouco corretas. Envergonho-me por você!

★Há no código de processo civil uma disposição que dá ao juiz o poder de ordenar, em qualquer momento do processo, o "comparecimento pessoal" das partes "para interrogá-las livremente sobre os fatos da causa"; isto é, dir-se-ia, para lhe permitir conhecer os litigantes em pessoa e compreender assim, *pela expressão natural do seu olhar, melhor do que pelas defesas artificiosas dos advogados, que parte está com a razão.*

Mas os juízes quase nunca se valem desse poder, e, se você perguntar a algum deles por que essa repugnância, ele responderá que, enquanto nos processos penais olhar nos olhos do réu é necessário, porque se trata então de julgar um homem, nas causas cíveis o que conta é o problema jurídico, no qual as partes são como peças sem rosto, de modo que conhecê-las diretamente só serviria para introduzir na decisão elementos de simpatia ou de antipatia pessoal, que perturbariam as regras do jogo.

Pode ser que na resposta haja uma parte de verdade. Mas talvez essa tendência do juiz a evitar o mais possível o colóquio direto com as pessoas que deve julgar também contenha certa dose de preguiça, quem sabe de orgulho. As páginas escritas, que permanecem inertes onde você as coloca, entregues à poeira e à cesta de papéis, são menos inquietantes do que o interlocutor vivo que escruta você com olhos indiscretos. Além disso, o juiz, enquanto permanece isolado detrás do cômodo empíreo do papel autenticado, ainda pode nutrir a ilusão de que é um semideus infalível; mas, quando se rebaixa a chamar as partes diante de si, é difícil não perceber, posto face a face com os homens, que, sob a sua toga augusta, também ele é um homem.

XII

DAS RELAÇÕES (BOAS OU MÁS) ENTRE A JUSTIÇA E A POLÍTICA, COMO FORAM ONTEM E COMO SÃO HOJE

Tivemos a ventura (se é que se pode chamar assim) de ser testemunhas oculares de duas mudanças de regime: da monarquia constitucional para a ditadura, da ditadura para a república democrática. Estamos em condições, portanto, de avaliar que provas deu a magistratura nessas crises e se essas mudanças pesaram sobre a independência dos juízes.

Não adianta dizer, como se ouve repetir com demasiado simplismo, que a função dos magistrados é aplicar a lei e que, portanto, se mudança de regime significa mudança de leis, o ofício dos magistrados permanece sempre o mesmo, resumido no dever de serem fiéis às leis em vigor. Quem assim raciocina não quer perceber que as leis são fórmulas vazias, que o juiz cada vez preenche não só com sua lógica, mas também com seu sentimento. Antes de aplicar uma lei, o juiz, como homem, é levado a julgá-la; conforme sua consciência moral e sua opinião política a aprove ou a reprove, ele a aplicará com maior ou menor convicção, isto é, com maior ou menor fidelidade. A interpretação das leis deixa ao juiz cer-

ta margem de opção; dentro dessa margem, quem comanda não é a lei inexorável, mas o coração mutável do juiz.

Se o juiz, no recesso da sua consciência, é partidário do regime pelo qual são ditadas as leis que é chamado a aplicar, ele será intérprete zeloso do seu espírito e procurará prosseguir e desenvolver, ao aplicá-las nos casos práticos, a inspiração política de que nasceram; se, ao contrário, ele é em seu coração opositor daquele regime, procurará interpretá-las de maneira a torná-las praticamente ineficazes ou procurará exagerar seus defeitos, a fim de as fazer parecer piores do que são e, assim, desacreditar aqueles legisladores.

Seria interessante um historiador paciente pôr-se a pesquisar, analisando a jurisprudência judiciária de meio século, se, sob o fascismo, os juízes interpretavam as leis com coração fascista (creio que não) e se, sob a república, as interpretam com espírito democrático (quero crer que sim); se, ao aplicar as leis de perseguição aos judeus, os juízes aderiram ao espírito de perseguição racial que as ditavam, ou se deram o melhor de si (como fez, na realidade, a grande maioria deles) para atenuar sua infâmia e suavizar sua crueldade.

Quase diria que os juízes, muitos anos depois da queda de um regime, continuam, por força de inércia, a aplicar as novas leis com o mesmo espírito a que se tinham habituado sob o regime precedente. Isso explica por que, durante o primeiro decênio do fascismo, a magistratura foi acusada de não ser intérprete suficientemente dedicada das novas leis ditadas em defesa daquele regime e por que foi necessário criar, para se ter certeza dessa dedicação, o Tribunal Especial.

Mas isso também explica por que, durante a primeira década da república, tenha sido possível suspeitar às vezes que, sob o respeito meramente formal das novas leis democráticas, continuasse a circular, em certas sentenças, o espírito autoritário do regime precedente.

No sistema da legalidade, os juízes devem por força ser legalistas; uma vez habituados a um sistema de legalidade, permanecem afeiçoados a ele, mesmo depois da sua queda — e são necessários muitos anos para perceberem que aquele sistema foi derrubado e que a ilegalidade de então tornou-se a legalidade de hoje.

Para os juízes habituados durante vinte anos a pensar que deste lado estão os bem-pensantes e daquele os subversivos, é difícil persuadir-se de que hoje os papéis se inverteram. É como se, de repente, as pessoas habituadas a andar de pés no chão se vissem obrigadas a caminhar de cabeça para baixo.

★ *Freqüentemente, durante o fascismo, quando um advogado consciencioso estudara a fundo uma causa e preparara com seriedade a defesa, na última hora ouvia o cliente propor-lhe que associasse ao patrocínio, para "reforço", um luminar fascista.*

Para se tornar luminar fascista, não era necessário conhecer direito (duvidava-se até de que alguns deles tivessem diploma regular). Chegava-se a essa celebridade por dois títulos: ou como alto dirigente do partido, tendo preferência os que se gabavam de façanhas sanguinárias ou que, pelo menos, tivessem uma cara feroz; ou como parente de algum ministro, de preferência do ministro da Justiça. (A cada "troca de guarda", modestos causídicos de província, até aquele dia desconhecidos, saíam das sombras e se tornavam, repentinamente, em Roma, advogados famosos, procuradíssimos pelos clientes: eram irmãos ou cunhados do novo ministro da Justiça. Contava-se a respeito de um destes que o ministro, seu parente, pusera à sua disposição uma sala no ministério, para que nela recebesse tranqüilamente sua clientela.)

Não se pode dizer que a intervenção de um desses luminares aumentasse muito o trabalho dos juízes: eles não escreviam petições, porque não sabiam escrevê-las; não falavam em audiência, porque não sabiam falar; e se, por desgraça de seu cliente, cismavam de abrir a boca, deixavam escapar em poucos instantes tais asneiras, que seu colega de defesa tinha de acudir incontinenti, para reparar da melhor maneira possível seus erros. Seu papel era outro: deviam entrar solenemente na sala de sessões e, antes de sentar no banco da defesa, dirigir aos juízes uma longa saudação romana, fitando-os, um a um, com olhar feroz.

Os clientes imaginavam que bastava aquele olhar ameaçador e aquela saudação para "acreditar" sua causa — isto é, falando às claras, para intimidar os magistrados. Na realidade, a presença do dirigente fascista produzia quase sempre o efeito contrário: com freqüência, os juízes, ao ouvirem aquelas besteiras, não conseguiam conter o riso. E aquela intimidação ostensiva, acompanhada de tanta bisonhice, enojava até os mais conformistas.

Por essa razão, durante o fascismo, sempre me recusei a permanecer num processo quando o cliente propunha associar à defesa outro advogado, qualificado por títulos fascistas. Parecia-me que aceitar aquela proximidade era, além de uma humilhação para o ofício do defensor, uma ofensa para a magis-

tratura e, em conclusão, um dano para o cliente, que devido àquele dirigente fascista via diminuídas, em vez de aumentadas, as probabilidades de vitória.

★ *Mas um colega meu, talvez mais sábio, reprovava-me a intransigência:*

— Se o cliente quiser associar à sua defesa um dirigente fascista e pagar-lhe um dinheirão para que faça aos juízes a saudação romana, eu não me oponho. Basta que me deixe fazer a defesa da causa, pois sei mais que ele. Aprendi a comportar-me assim com um velho cirurgião, que me dizia que, contanto que não o perturbassem quando estava operando, não levava a mal que os doentes continuassem a acreditar em certas pequenas superstições — como a de manter debaixo da cama uma pequena bacia cheia d'água para curá-los das feridas causadas por ficarem deitados, ou a de olhar dentro de um frasco vazio para evitar uma supuração.

Aconteceu certa vez, durante o fascismo, que o defensor de uma causa cível viu-se associado, no patrocínio, a um príncipe do fórum por méritos fascistas, que ignorava até mesmo as diferenças de terminologia existentes entre o processo penal e o processo civil, e chamava de "denunciante" o autor e de "acusado" o citado.

Quando o príncipe do fórum concluiu seu arrazoado, despropositado mas cheio de autoridade, o outro advogado procurou remediar o melhor possível suas besteiras e começou assim:

— Terão os senhores do tribunal admirado o sutil sarcasmo do meu insigne colega de defesa, que espirituosamente fulminou o citado com o epíteto, tirado do direito penal, de "acusado"...

Houve durante o fascismo, mais do que se imagina, magistrados heróicos dispostos a perder o posto e até a enfrentar o confinamento para defender sua independência; houve, depois, uma grande massa de magistrados apegados às leis e dispostos, sem discutir o regime de que haviam emanado, a aplicá-las com digna imparcialidade. Mas, infelizmente, *também houve (é preciso confessar) alguns magistrados indignos que, para chegar rapidamente aos mais altos cargos de direção, sujeitaram sem escrúpulos sua consciência.*

Lembro-me de um episódio, ocorrido em Florença nos primeiros anos do fascismo, quando as salas em que se realizavam os processos contra os autores das expedições punitivas estavam sempre apinhadas de uma multidão de fascistas, prontos para agredir na saída as testemunhas de acusação e, até, os assistentes da acusação. Estava para se iniciar, diante do tribunal, um desses processos contra um bando de fascistas, acusados de terem participado de uma expedição no campo, durante a qual fora assassinado, com um tiro disparado da estrada, um jovem camponês socialista que estava pacificamente trabalhando sua terra. O pai do assassinado, um velho meeiro, constituíra-se assistente de acusação, e representava-o um valoroso advogado em suas primeiras liças, cheio de fé na justiça.

Esse jovem advogado, temendo que o velho por ele representado pudesse ser objeto das violências daquela costumeira multidão, acreditou ser seu dever prevenir o juiz, antes do início da audiência:

— Senhor juiz, na audiência desta manhã deverá ser interrogado, penso eu, o velho pai do assassinado, que se constituiu assistente da acusação. Poderia acontecer, como já ocorreu em casos seme-

lhantes, que na saída houvesse contra ele as costumeiras represálias...

O juiz, que não reconheceu o advogado, não entendeu que ele assistia a acusação; pensou, ao contrário, que fosse um dos defensores dos réus fascistas. Então, piscando o olho com ar de conivência, perguntou-lhe:

— Desculpe, advogado, mas esse velho não é o pai do morto socialista?

— Sim, senhor...

— Então, se o matarem... é um a menos!

O jovem advogado saiu do gabinete do juiz sem ousar acrescentar uma palavra, perturbado e atordoado.

(Poucos anos depois, aquele juiz, para ser consolado do desprezo com que o cobriam os demais magistrados, foi feito senador, por méritos fascistas. Paz para a sua alma!)

★ Havia outrora em Roma, como era costume naqueles tempos, um velho círculo de encontro fundado para manter os vínculos regionais entre funcionários e profissionais liberais oriundos de uma *mesma região (não lembro se eram dos Abruzos ou da Puglia). Todos eles transferidos para a capital por motivos de trabalho, reuniam-se uma vez por semana na sede para se encontrarem como que em família. Quando adveio o fascismo, alguns afortunados chefetes fascistas locais, que tinham conseguido sair das suas províncias e ascender às supremas chefias da capital, dignaram-se a aderir ao círculo da sua região; mas, enquanto estatutariamente todos os sócios deviam pagar uma contribuição anual para as despesas do local, eles consideravam sua presença uma contribuição mais que suficiente e por muitos anos não pagaram um tostão.*

Algum tempo depois, a tesouraria do círculo viu-se em dificuldades; e, como os atrasados dos sócios fascistas, acumulando-se, tinham alcançado a cifra então considerável de cerca de dez mil liras, a diretoria, depois de muitos pedidos em vão, deu a seu advogado ordem de mover ação contra aqueles sócios morosos, para cobrança dos atrasados.

O advogado, que era honesto mas apreciador da vida sossegada, ficou perturbado com a idéia de processar devedores com tão altos cargos, temendo que fossem capazes de alguma represália; mas, por outro lado, não se sentia disposto a recusar seu patrocínio numa causa que lhe parecia justa e seguramente vitoriosa. Por fim, venceu os escrúpulos e moveu a ação. Os dirigentes fascistas, quando rece-

beram a citação, ficaram furiosos e dirigiram-se a um dos advogados do partido, para que alegasse que não eram obrigados a pagar. Esse advogado também era honesto e apreciador da vida sossegada; repugnava-lhe sustentar uma tese tão absurda e estava seguro de que, no fim das contas, seus clientes seriam condenados. Mas não podia recusar seu patrocínio sem ser acusado de escassa fé fascista.

Assim, esses dois advogados se encontravam, por motivos opostos, em grande apuro: o que defendia o círculo estava certo da vitória, mas preferia evitá-la, para não incorrer, vencendo, na vingança de seus adversários; o que defendia os fascistas devedores estava certo de perder, mas temia que estes atribuíssem a culpa pela derrota não à própria desonestidade, mas à falta de empenho do defensor.

Então, os dois advogados confabularam e encontraram um meio de conciliação secreta. Tratava-se de dez mil liras; decidiram pagar cada um a metade e dizer ao cliente que a causa terminara com a derrota do adversário. Assim reunida à custa dos dois a soma de dez mil liras, o advogado do círculo pagou-a triunfalmente ao caixa, comunicando que aqueles pilantras tiveram de soltá-las até o último centavo; e o advogado dos fascistas, por sua vez, advertiu-os de que o círculo, tendo reconhecido o erro cometido, renunciara a qualquer pretensão e pagara as despesas: um verdadeiro triunfo.

Assim, os clientes de ambas as partes ficaram contentes e os dois advogados, honestos mas apreciadores do sossego, serviram à justiça sem atrair sobre si a ira dos poderosos; e, com pouca despesa, reservaram seus argumentos jurídicos para tempos melhores.

★ *Conheci um velho magistrado napolitano, desleixado no vestir-se e solitário, que sob aquela aparência modesta e insociável conservara sem compromissos, ao longo do vintênio fascista, a altivez de seu caráter e a coragem do sarcasmo.*

Certa vez presidia um processo penal contra um centurião da milícia fascista e contra um militante cúmplice deste, acusados de se terem apropriado de grandes somas de dinheiro a eles confiadas por razões profissionais.

O centurião era defendido por um advogado fascista, que não soubera encontrar para o cliente outra desculpa além da sua timidez. O verdadeiro responsável (dizia) tinha sido seu cúmplice, o militante a ele subordinado, que o impelira a agir mal, porque ele, centurião, era um bom sujeito, com o único defeito de ser muito sugestionável.

Foram ouvidas as testemunhas instruídas pela defesa, todas elas unânimes em atestar a verdade:

— É um tímido...

— É mesmo muito tímido...

— É extraordinariamente tímido...

O presidente, que parecia distraído e sonolento, limitava-se apenas, no fim de cada depoimento, a resmungar em napolitano:

— Está bem...

Terminados os depoimentos, o presidente, que era fumante inveterado, disse:

— A audiência está suspensa por cinco minutos!

E ao erguer-se tocou os lábios com os dois dedos, para fazer os defensores entenderem que ia fumar um cigarro.

Mas, quando chegou à porta da sala, parou, voltou-se para trás de repente e, virando-se para o advogado fascista (como se lhe tivesse ocorrido uma idéia repentina), interpelou-o:

— Advogado, mas se os militantes fascistas são tão tímidos, como é que vamos fazer, advogado, para salvar a pátria?

★ *Num processo penal diante do tribunal de Florença, Giovanni Rosadi tinha como adversário um jovem que acabara de se formar e se tornara célebre por seus feitos de militante fascista, mas que era absolutamente desprovido de todo e qualquer preparo profissional.*

Primeiro falou Rosadi, como assistente de acusação; depois, em defesa do réu fascista, levantou-se o jovem dirigente, que começou assim, com desenvoltura:

— Senhores do tribunal! Eu penso... eu penso... eu penso...

Mas ficava nisso, com pausas cada vez mais demoradas. Deteve-se um instante, depois repetiu:

— Senhores do tribunal! Eu penso...

Então o presidente, para ajudá-lo a vencer aquela dificuldade, estimulou-o:

— Diga, advogado, diga o que pensa...

Mas Rosadi, erguendo-se, interveio com irônica seriedade:

— Senhor presidente, não o interrompa. Deixe-o pensar! Ele tem o direito de pensar.

Depois, voltando-se para o outro com ar paternal, encorajou-o:

— Pense, meu jovem, continue a pensar; continue o mais que puder. Vai lhe fazer muito bem...

Nos tempos do fascismo, no escritório de um advogado conhecido meu, via-se pendurada atrás da escrivaninha, acima de seu assento, uma tabuleta com uma inscrição misteriosa: NÃO É. *Quem entrava pela primeira vez naquele escritório ficava perplexo e curioso quanto ao significado daquela inscrição cabalística, mas não ousava pedir explicações porque eram anos em que se precisava ter cautela com as perguntas.*

Mas depois, estabelecida a confiança, no segundo ou terceiro encontro, o interlocutor tomou coragem:

— Desculpe, advogado, perdoe minha ignorância: que significam aquelas duas palavras?

— É uma errata...

— Como assim?

— O senhor já viu nas salas dos tribunais aquele escrito que diz "a justiça é igual para todos"? É um erro de impressão: onde está escrito "é", deve-se ler "NÃO É".

Naqueles tempos, não era necessário acrescentar outra coisa: entre o advogado e seu interlocutor a amizade estava selada.

★ Contou-me Pietro Pancrazi que uma dona de casa da zona rural de Cortona, ao ouvir dizer que um dos filhos de Mussolini morrera num acidente aéreo, apiedando-se da pouca idade do morto, deixou escapar este comentário: — Pobre rapaz! Em vez dele, bem poderia ter morrido aquele antipático!

Alguém a denunciou, e ela foi detida e mandada a julgamento, diante do tribunal de Arezzo.

No debate, o presidente fazia de tudo para salvá-la e lhe perguntava de maneira bonachona:

— Antipático, antipático... a quem a senhora queria aludir com essas palavras?

A mulher não respondia, não por prudência, mas porque não conseguia compreender por que o presidente lhe perguntava uma coisa tão clara.

— Vamos, responda. A senhora é, sem dúvida, uma boa italiana. Com certeza pensava em algum inimigo da pátria: Churchill, Stálin?

Então a mulher, cada vez mais pasma com a pouca inteligência do presidente, respondeu arregalando os olhos:

— Ora, tio, vamos! Vai dizer que não entendeu?

O presidente fez um gesto de desespero. Com toda a boa vontade, não pôde deixar de mandá-la para o xadrez.

★ Durante os últimos anos da guerra, um jovem pretor confiava-me o desnorteamento em que se debatia cada vez que lhe cabia julgar como magistrado delitos que ele mesmo, como cidadão, cometia todos os dias.

Certa vez, numa audiência, teve diante de si um homem acusado de ter ouvido a rádio de Londres. Era o que todos os bons italianos faziam todas as noites; ele mesmo, pretor, fazia-o quando estava no segredo da sua casa.

O réu, tolamente, era confesso: não havia jeito, tinha de condená-lo.

— Não pude salvá-lo — dizia-me suspirando o pretor. — Dei-lhe a pena mínima, mas absolvê-lo não podia. Ao ler a sentença, eu gaguejava de vergonha. No entanto, mal voltei para casa, mandei meu rádio bem embrulhado de presente a um amigo que o desejava fazia tempo, para não ter mais a *tentação de recair naquele fato, proibido pelas leis que eu mesmo devia aplicar...*

Depois, acrescentou:

— Assim, quanto ao rádio, pus a consciência em paz; mas não consegui fazê-lo quanto aos delitos alimentares. Todos os dias tinha de condenar, como juiz, um pai de família, culpado de ter adquirido no mercado negro víveres racionados; então, quando julgo, tenho de me esforçar para esquecer que eu mesmo fizera isso, naquela manhã, antes de vir à audiência, quando fui fazer compras e levei para casa, cuidadosamente escondidos na pasta de couro com meus papéis de trabalho, cem gramas de manteiga ou meia dúzia de ovos. É fácil aplicar a lei aos outros; mas, se não fosse o mercado negro, como faria eu para matar todos os dias a fome de meu filho, que necessita de alimentos substanciosos? As leis são feitas para os filhos dos outros; mas a fome dos próprios filhos, mesmo no caso de um juiz, não conhece leis.

★ *Sob o fascismo, os juízes tiveram de assistir ao súbito ganho de importância de certos intrigantes de baixíssima extração, que se tornaram grandes advogados apenas por seus méritos fascistas, e tiveram de fingir que os levavam a sério, mesmo que no seu íntimo tivessem vontade de rir.*

Mas certas vezes, mesmo nos tribunais, não era possível conter o riso diante desses pilantras presunçosos: o senso do ridículo, nas salas de tribunal daquele tempo, era mais comedido, mas não tinha desaparecido.

Um deles, num processo diante do tribunal do júri, tinha como adversário um velho e célebre penalista, um homem de bem à moda antiga, que entre as suas virtudes também tinha a de uma extraordinária cortesia para com seus colegas, a quem sempre se dirigia com frases de cerimoniosa reverência.

Daquela vez, dirigindo-se a seu contraditor, cumprimentou-o assim:

— Este insigne mestre de ciência jurídica que está diante de mim...

Um terceiro advogado, que estava a seu lado no mesmo banco, ao ouvir o velho mestre adotar aquela frase tão superior à estatura do ridículo chefete fascista, não pôde conter o riso.

Então este apontou o dedo para o irreverente que ousara rir e, com voz cortante, interpelou-o:

— Por que está sorrindo?

— Não estou sorrindo...

— Pois eu o vi sorrir.

— Pois eu não sorri...

— Repito que o vi sorrir.

— Repito que não estou sorrindo: estou rindo!

E todos, advogados e juízes (com exceção do chefete bilioso), rebentaram numa gargalhada.

* *Quando à tradicional fórmula "pela graça de Deus e vontade da nação rei da Itália" acrescentaram-se os complementos "imperador da Etiópia" e "rei da Albânia", era difícil, para quem devia recitar aquela cantilena em público, não se atrapalhar. E, por azar, atrapalhou-se aquele presidente de um tribunal de apelação, homem simples e um pouco tímido, no mais, porém, digníssimo magistrado, quando teve de declarar aberto, com aquela fórmula, na solene assembléia plenária, o ano judiciário.*

Antes dele falara, segundo o rito, o procurador-geral, que fizera um discurso que os chefes fascistas presentes à cerimônia acharam audacioso e irreverente, porque ousara insinuar alguma dúvida sobre a qualidade de certas leis do regime. O presidente percebera o mal-estar deixado por aquelas críticas e, para pôr-lhe fim sem mais tardar, apressou-se em proclamar a abertura:

— Em nome de sua majestade, Vittorio Emanuele terceiro, pela graça de Deus e vontade da nação rei da Itália, imperador...

Mas nesse ponto, de repente, uma pequena engrenagem travou-se: imperador... imperador de onde? O resto não lhe vinha à mente... Retomou fôlego e o resto lhe veio, de roldão:

— ... imperador das Índias.

Não disse mais nada. Percebeu no ato ter dito uma grande besteira. Sentia-se esmagado por suas palavras, em meio ao grande silêncio de estupor e quase terror de toda a sala.

Depois de um instante de desnorteamento (uma eternidade), quem salvou a situação foi um general da milícia fascista, que estava sentado na primeira fila, entre as autoridades. Ergueu-se de um pulo da sua poltrona, aproximou-se marcialmente do assento do presidente petrificado e, dando um grande murro na mesa, gritou:

— Será! Camaradas, juremos que será!

E todos os camaradas, em sinal de juramento, fizeram a saudação romana.

★ *É antigo — e, sob certo aspecto, sábio — o mote* ne misereris pauperis in iustitia. *Se, de acordo com a lei corretamente entendida, o pobre for a parte errada, a piedade pela sua miséria não o deve fazer triunfar contra a justiça.*

Mas deve-se tomar cuidado para não cair no excesso oposto: acreditar que o pobre, só por estar mal vestido, sofre menos que o rico com as cruéis lentidões do processo, que Hamlet considerava insuportáveis como o tormento de um amor traído, ou que o pobre, só porque seu paladar está acostumado a comidas rústicas, não sente como o rico a ardência amarga da injustiça.

Se algumas vezes aconteceu num interrogatório policial um detido ser espancado para lhe extorquirem a confissão, sempre se pôde revelar mais tarde que a cabeça sobre a qual caíram as salutares pancadas era a de um pobre-diabo. Estar bem vestido é um argumento irresistível para ser tratado com gentileza nas salas das delegacias (e, talvez, em todas as repartições públicas). E também para ser acreditado: bastou que o príncipe declarasse desdenhosamente que era estranho ao misterioso caso sobre o qual a polícia tanto o interrogava, para persuadir o comissário a não o perturbar mais com outras inquirições, porque "não se duvida da palavra de um príncipe". Com a palavra do pobre é diferente; dela, na polícia, sempre se duvida.

Portanto, há por que ficar contente quando se constata que esse critério de distinção nunca entrou nas salas dos tribunais.

Para que não vacile a fé na justiça, não deve sequer ser possível a suspeita de que a liberdade pessoal dos humildes valha menos do que a dos poderosos, nem que a justiça seja mais rápida em detê-los e mais lenta em soltá-los, como se, para as famílias dos pobres, ter o pai na prisão não custasse, mais que para os ricos, fome e dor.

Por isso, respeitemos a sabedoria do antigo aforismo; mas escrevamos outro ao lado dele: ne misereris divitis in iustitia.

Ouvi alguém indignar-se porque, em certas sentenças, deu com fundamentos surpreendentes, os quais, saindo dos limites do caso decidido, pretendiam pronunciar juízos históricos sobre acontecimentos ou personagens políticos, ou exprimir aversão ao regime vigente e pesar pelo que caiu.

Mas, na verdade, o magistrado que usa a fundamentação da sua sentença para esses desabafos políticos, confundindo a cadeira de juiz com um pa-

lanque de comício, deixa de ser magistrado. Enquanto permanece nos limites da causa, sua opinião, que tem por lei o solene acento da justiça, facit de albo nigrum; *mas, quando se põe a discutir política, o branco continua branco, ainda que na sentença ele se obstine em proclamar que é preto. A autoridade do julgado torna sagrada e indiscutível a decisão do magistrado, não as opiniões do político, e o primeiro não se pode servir do sigilo judiciário, que o Estado lhe confia, para dar forma de sentença aos bate-papos de café.*

★ *No sistema da legalidade, baseado na divisão dos poderes, a justiça deve ser rigorosamente separada da política. A política vem antes da lei, é o trabalho de que nasce a lei. Mas, a partir do momento em que a lei nasceu, o juiz não deve ver nada mais que ela; ou melhor, como dizia Montesquieu, o juiz não tem sequer necessidade de ter olhos para ver: ele é um mecanismo inanimado, uma espécie de porta-voz através do qual a lei fala por si, a* "bouche de la loi", a *boca da lei.*

Bonitas palavras. Mas devem ser entendidas cum grano salis.

Entretanto, mesmo que o juiz pudesse esquecer, enquanto julga, suas opiniões e sua condição pessoal, sempre teria o dever, para aplicar fielmente a lei, de interpretá-la. Mas interpretá-la quer dizer remontar à ratio *de que nasceu, isto é, substancialmente, à inspiração política que circula nela e a torna socialmente atual. O que leva a considerar que, em toda interpretação jurídica, há certa margem de opção política.*

Na realidade, porém, é difícil que o juiz, ao interpretar a lei (o que significa repensá-la e fazê-la reviver nele), consiga distanciar-se de si mesmo, a ponto de não introduzir em seu julgamento, mesmo sem perceber, suas opiniões políticas, sua fé religiosa, sua condição econômica, sua classe social, suas tradições regionais ou familiares, até mesmo seus preconceitos e suas fobias. Não estamos falando dos crimes políticos, em cujo julgamento pode acontecer até que o próprio fato seja considerado, por dois juízes diferentes, de acordo com as opiniões de que parte cada um deles, como um delito ou como um heroísmo (é inútil dar exemplos, que estão na memória de todos).

Mas é difícil, sobretudo, o juiz conseguir livrar-se da presença, silenciosa mas implacável, da sua condição patrimonial.

De um juiz que, por herança paterna, era proprietário de terras, dizia o presidente do seu tribu-

nal: — Raras vezes encontrei um magistrado da sua seriedade e do seu equilíbrio. Convém apenas evitar confiar-lhe a decisão de controvérsias agrárias, porque esta matéria o faz perder o brilho dos olhos e o torna feroz contra os camponeses.

Para os magistrados, ser proprietário também pode constituir um perigo (mas, por sorte da justiça, ainda que por azar dos magistrados, é um perigo raríssimo).

★ *Se continuar a permissão de que os magistrados sejam eleitos deputados ou senadores na lista de um partido e que, mesmo depois da eleição, continuem (como já aconteceu) a julgar, será necessário introduzir nos códigos, entre os motivos pelos quais um juiz pode ser legitimamente recusado, o fato de pertencer o réu a um partido diferente daquele a que está filiado o magistrado que deverá julgá-lo.*

Para que os juízes contem com a confiança do povo não basta que sejam justos, mas é preciso também que se comportem e apareçam como tais. O magistrado que subiu no palanque de um comício eleitoral para sustentar as idéias de um partido nunca mais poderá esperar, como juiz, ter a confiança dos membros do partido adversário. A opinião pública está convencida (e talvez não sem razão) de que tomar parte na política significa, para os juízes, renunciar à imparcialidade na justiça.

⋆ *Um velho magistrado, valorosíssimo em sua época, que se aposentou depois da proclamação da república, desabafava comigo, confidencialmente, sobre a decadência que, a seu ver, ter-se-ia verificado neste último decênio nas fileiras da magistratura.*

— Basta dizer que, num tribunal da alta Itália, toma assento um juiz que foi...

(Achei que fosse me dizer: "... que foi acusador num tribunal de guerra alemão..." Antes de dizer o quê, olhou em volta para assegurar-se de que ninguém ouviria a palavra que estava por me sussurrar em voz baixa).

— ... que foi, sim, partigiano.*

Falava aquilo de boa-fé, sem sequer supor que uma pessoa de bem, como ele me considerava, pudesse pensar de maneira diferente. Não procurei

* Membro da resistência antifascista e antialemã, na II Guerra. (*N.T.*)

contradizê-lo: estes não são argumentos sobre os quais se possa entrar em discussão. Infelizmente, a esclerose senil não se cura com polêmicas.

⋆ *Dá vontade de dizer que, para um magistrado, é mais difícil manter sua independência em tempos de liberdade do que em tempos de tirania.*

Num regime tirânico, o juiz, se estiver disposto a se dobrar, só poderá se dobrar numa direção — a escolha é simples, entre o servilismo e a consciência.

Mas em tempos de liberdade, quando as correntes políticas sopram em oposição de todos os lados, o juiz se vê exposto como a árvore no alto do morro: se não tem o tronco bem sólido, a cada vento que sopra corre o risco de se curvar para um lado.

⋆ *Um presidente de tribunal foi eleito senador; mas, mesmo depois da eleição, continuou a exercer seu* ofício de magistrado. Ia ao Senado de quarta a sexta; sábado e segunda presidia à sessão.

Então, numa causa pendente naquele tribunal, um dos litigantes achou por bem fazer-se defender por um advogado também eleito senador na mesma lista do presidente.

O outro litigante, que até aquele momento confiara em seu advogado, corajoso e honesto mas não politiqueiro, foi procurá-lo com um ar embaraçado e lhe disse:

— Caro advogado, não é por falta de confiança, mas também preciso conseguir como defensor outro senador do mesmo partido. Não me leve a mal: a justiça é igual para todos.

★ Não é certo que um juiz, por ter julgado determinado caso de um modo, seja induzido a julgar do mesmo modo um caso semelhante que lhe é apresentado algum tempo depois. Ao contrário, pode suceder que, se a primeira decisão lhe foi recriminada por ter-se excedido em certa direção, ele seja levado, da segunda vez, a exceder-se, sem querer, no sentido oposto.

Vi isso acontecer especialmente em certos processos políticos. Um prefeito de um pequeno município fora citado em juízo por ter exposto na sede da prefeitura, não sei em que situação, a bandeira vermelha. O pretor o absolveu. Essa absolvição escandalizou os conservadores e o pretor começou a reconsiderá-la. Alguns meses depois, outro prefeito foi denunciado por um fato absolutamente semelhante e o mesmo pretor, para restabelecer o equilíbrio, condenou-o à pena máxima.

Às vezes o juiz, arrependido por ter sido demasiado condescendente com o primeiro réu, desconta essa sua indulgência com uma dose dupla de severidade contra o segundo réu. Este, que se vê tratado de maneira tão diferente do primeiro, acredita ser vítima de uma injustiça; mas se engana, porque se trata de uma operação de compensação: basta somar e dividir por dois.

★ As pessoas acreditam que o exercício da política militante é, nos países livres, o complemento natural da profissão forense e que o mandato *parlamentar confere aos advogados maior prestígio junto aos juízes.*

Errado, errado! Quer os juízes suspeitem, na presença do parlamentar de beca, de uma tentativa de pressão sobre a sua independência, quer temam, vendo um legislador em carne e osso, perder a reverência que devem ter pela majestade anônima da lei, o certo é que o defensor que faz política, com sua simples aparição no tribunal indispõe e desgosta os juízes.

Sei por experiência pessoal que, durante o fascismo, os advogados que não eram membros do partido fascista eram vistos com respeito pela maioria dos juízes e ouvidos com maior atenção. Mudando o regime, a situação inverteu-se. Quase se poderia dizer que os magistrados sentem, pelos mesmos advogados, uma espécie de repugnância instintiva, e são levados, sem querer, a considerar o advogado que milita na política como um aventureiro.

Os clientes, coitados, não sabem que erro cometem quando, para escolher o defensor mais eficaz, acreditam agir bem ao recorrer ao político mais respeitado. Os juízes, quanto mais alheios são à política, mais tendem a considerar como ótimo o defensor politicamente não qualificado e agnóstico. Nas salas dos tribunais, a palavra "política" é deplorada como um palavrão.

★ *O filho do bilionário, que guiava a uma velocidade alucinada seu carro de corrida, entrou mal numa curva e esfacelou contra o muro um pedestre que ia pela calçada.*

O pai corre ao melhor advogado da cidade. O essencial é que o filhinho, "um pouco turbulento, mas no fundo um bom rapaz", não vá preso.

— Advogado, lembre-se: nós não olhamos para as despesas.

De fato, o advogado se esforça por calar com uma elevada indenização a família do morto. E consegue. Mas há aquele aborrecimento da instrução penal, que prossegue por conta própria.

Então o bilionário repreende severamente o defensor:

— Advogado, já lhe disse: o prosseguimento desta instrução é um despropósito. Faça o juiz de instrução entender: nossa família não olha para as despesas.

O advogado não sabe como lhe explicar que a justiça não é uma mercadoria à venda; aquele juiz de instrução é uma pessoa de bem...

Então seu cliente levanta-se de um salto, furibundo:

— Já entendi! O senhor não quer confessar: tivemos o azar de cair nas mãos de um juiz criptocomunista!

XIII

DO SENSO DE RESPONSABILIDADE E DO AMOR AO SOSSEGO OU DA ORDEM JUDICIÁRIA QUE NÃO É UM RAMO DA BUROCRACIA, MAS UMA ORDEM RELIGIOSA

★ *Estou cada vez mais convencido de que entre o rito judiciário e o rito religioso existem parentescos históricos muito mais próximos do que a igualdade da palavra indica. Quem fizesse um estudo comparativo do cerimonial litúrgico e das formas processuais perceberia na história certo paralelismo de evolução. Quase se poderia dizer que, nos tribunais e nas igrejas, a religião degenerou em conformismo.*

A sentença era, originalmente, um ato sobre-humano, o juízo de Deus; as defesas eram preces. Mas com o passar dos séculos o espírito voltou para o céu, e na terra só ficaram as formas exteriores de um culto em que ninguém mais acredita. Ao assistirmos ao cansaço distraído de certas audiências, somos levados a pensar na indiferença com que tanta gente boa, nos feriados religiosos, continua indo à missa por força do hábito e para ostentar em público uma fé que já não tem no coração.

Talvez as profundas diferenças que se notam entre a simplicidade e a lealdade dos juízes nos países anglo-saxões e o complicado e dispendioso formalismo do nosso processo tenham seu fundamento numa resistência diferente do espírito religioso. No procedimento judiciário inglês, tão rápido e leal, traduziu-se a Reforma; o nosso ainda é um procedimento católico romano.

Também nas cerimônias do processo se nota certa diferença entre crentes e carolas, entre religiosos e conformistas, entre a humilde fé na justiça e a faustosa carolice judiciária.

Não é honesto, quando se fala dos problemas da justiça, refugiar-se atrás da cômoda frase feita que diz ser, a magistratura, superior a qualquer crítica e a qualquer suspeita, como se os magistrados fossem criaturas sobre-humanas, não atingidas pelas misérias desta terra e, por isso, intangíveis.

Quem se contenta com essas tolas adulações ofende a seriedade da magistratura, a qual não se honra adulando, mas ajudando sinceramente a estar à altura da sua missão.

Na realidade, os magistrados também provêm desse povo, que tem suas virtudes e seus defeitos. Cada povo, poderíamos dizer, tem a magistratura que merece.

Se o nível moral e intelectual da nossa magistratura até agora tem sido superior ao de qualquer outra categoria de funcionários, isso decorre do fato de que ela pôde formar-se através de uma escolha baseada na vocação. Afluíam outrora das universidades à ordem judiciária os melhores juízes, atraídos não pela esperança de ganhos elevados (a magistratura italiana tem sido exemplar pela dignidade com que sempre encarou sua pobreza), mas pela elevada consideração de que a magistratura desfrutava na opinião pública e, sobretudo, pela atração que sempre exerceu sobre certos espíritos religiosos a austera intimidade desse ofício, em que julgar os outros implica, a cada instante, o dever de ajustar as contas com sua consciência.

Mas se a magistratura se reduzisse a ser, em vez de uma ordem de crentes, uma categoria de funcionários sem fé, ela não seria nem melhor, nem pior do que os outros ramos da burocracia. Mas então não se poderia considerar como vilipêndio à justiça dizer a verdade sobre esses burocratas que não crêem mais em sua missão, do mesmo modo que não vilipendia a religião quem denuncia as más ações dos sacerdotes que tomaram o hábito sem vocação.

★ *Quantos expedientes há na organização judiciária e no processo, talvez até mesmo no próprio sistema da legalidade, para tirar do juiz o senso da sua responsabilidade e fazer a sentença aparecer como uma resposta anônima, caída do céu e irredutível à vontade de um homem!*

A toga nada mais é que o símbolo ritual com que se quer fazer entender que, ao julgar, o homem é coberto pela função; mas, para libertar-se do pesadelo de sua consciência, o juiz tem à sua disposição refúgios muito mais sólidos: pode esconder-se atrás do biombo da inexorabilidade das leis e repetir, dando de ombros, "dura lex sed lex"; *pode esconder-se atrás do aforismo segundo o qual "o erro do juiz é erro da parte"; pode invocar, em sua desculpa, o caráter secreto da câmara de conselho, o anonimato do colegiado.*

Para ficar tranqüilo, o juiz precisa ser impenetrável. Quase seria o caso de pensá-lo coberto por um capuz, com dois buracos para os olhos, como os irmãos de certas companhias de misericórdia, que ao realizar seus ritos fúnebres não querem ser reconhecidos pelo público.

As respostas da Sibila pareciam vir de longe, como um eco que ressoava na caverna; hoje também, no procedimento judiciário, pode-se descobrir canais tortuosos, através dos quais a voz do juiz perde o acento humano e adquire a remota indiferença de um oráculo.

Os juízes não gostam (antes consideram falta de respeito) de que os advogados, em suas defesas, insistam demais nas graves responsabilidades humanas do magistrado chamado a julgar e nas dolorosas conseqüências que podem derivar da sentença. Dir-se-ia, quase, que certos juízes cobrem os olhos com a toga para não verem a esteira de dor que o réu pode deixar atrás de si: o que acontece depois de ser pronunciada a decisão não é problema deles.

Não digo que isso seja sempre sinal de insensibilidade. Pode acontecer, ao contrário, que em algum deles a consciência dessa responsabilidade seja tão tormentosa, que não tolere que os advogados, com suas solicitações, exacerbem esse ponto doloroso.

Certa vez, tive uma prova per tabulas dessa suscetibilidade dos juízes. Eu defendia diante de um tribunal vinte funcionários administrativos que uma grande empresa siderúrgica demitira, porque, numa contenda sindical, tinham sido solidários com os operários que haviam ocupado a fábrica. A empresa que os despedira negava-lhes qualquer indenização de demissão; isso significava, em tempos de de-

semprego, vinte famílias entregues à fome. No debate oral, sustentei que, se o tribunal negasse aos vinte demitidos também a indenização de demissão, essa sentença teria, para aquelas vinte famílias, o mesmo efeito de uma condenação à morte.

O tribunal reconheceu aos vinte funcionários demitidos o direito à indenização; mas, na fundamentação do acórdão, repreendeu-me asperamente, a mim, defensor, por aquela frase "destinada a perturbar a serenidade do juiz, que é chamado a aplicar a lei sem se deixar comover pelas conseqüências da sua justiça".

Acolhi de bom grado a crítica, mas não me arrependi de ter pronunciado aquela frase, pois a aspereza com que o tribunal sentira a necessidade de declarar que não se deixava comover com ela demonstrava que, na realidade, se comovera.

O advogado, mesmo quando não é santo (só um foi, santo Ivo), deve recordar-se de são Filipe Néri, que, tendo insistido longamente com um nobre avarento para lhe pedir um pouco de caridade para os famintos, recebeu por fim, como única resposta, uma bofetada. São Filipe suportou a bofetada e depois, talvez recordando as famosas palavras de um filósofo antigo a um tirano, disse docemente: — Isso é para mim; agora dê-me algum dinheiro para meus pobres.

O advogado deve estar disposto a levar até mesmo bofetadas do juiz, contanto que, no fim das contas, consiga obter para os seus pobres o óbolo da justiça.

A missão do juiz é tão elevada em nossa estima, a confiança nele é tão necessária, que as fraquezas humanas, que não se notam ou se perdoam em qualquer outra ordem de funcionários públicos, parecem inconcebíveis num magistrado.

Não falemos da corrupção ou do favoritismo, que são delitos; mas até mesmo as mais leves nuances de preguiça, de negligência, de insensibilidade, quando se encontram num juiz, parecem graves culpas. Se um funcionário público, numa repartição administrativa, deixar dormindo por um ano em sua mesa o caso que me interessa, isso poderá me irritar, mas não me espanta — é, como todos sabemos, a burocracia. Mas se um juiz, às vésperas de sair de férias, adiasse para a sua volta o exame de um processo de que dependesse a liberdade de um encarcerado inocente, isso me pareceria um escândalo contra o qual o respeito que tenho para com a magistratura se revoltaria.

Se fosse verdade que certos erros judiciários têm sua causa na pressa do juiz, que não teria condenado a trinta anos de reclusão aquele inocente se não tivesse renunciado, para não se atrasar para o jantar, a ouvir a última testemunha, que teria dito a verdade, toda a catedral da justiça, que construí em meu coração, desabaria de um só golpe.

Os juízes são como os membros de uma ordem religiosa: é preciso que cada um deles seja um exemplo de virtude, se não quiser que os crentes percam a fé.

★ *Os juízes, como todos os homens, gostam do sossego; conhecem seus deveres, mas procuram diminuir, sob o hábito, os tormentos que eles lhes causam. Se, para cada decisão, o juiz tivesse de recomeçar a vencer a angústia da sua tremenda responsabilidade, não viveria mais: o hábito, para os juízes, é a condição do trabalho tranqüilo.*

Por isso, se alguém se arrisca a recordar-lhes que da sua sentença depende a vida dos homens que penam, ficam ofendidos como se se tratasse de uma indiscrição. São como o cirurgião que, para operar em paz, deve adormecer o doente e esquecer-se de seus sofrimentos — também os juízes, para operar com o bisturi das leis, precisam esquecer a dor que o corte inflige aos pacientes.

* *O juiz escrupuloso, que antes de decidir pensa três vezes e talvez não durma à noite por causa das dúvidas que o assaltam, é preferível, por certo, ao juiz sempre seguro de si, que se acha infalível e, por isso, decide com desenvoltura. Mas também nos escrúpulos é bom não ir longe demais. Toda opção é um ato de coragem, e se depois de meditar longamente o juiz não souber optar, tornar-se-á um tímido que tem medo da sua responsabilidade.*

Um advogado que tinha escritório numa pequena cidade do interior, sede de pretura, descreveu-me, muitos anos atrás, um retrato bastante singular de um pretor acometido por uma forma doentia de abulia — uma espécie de Hamlet do escrúpulo judiciário. Ia à audiência, inclusive nas causas penais, preparadíssimo sobre os autos, que aprendera de cor; mas quando, no debate, o defensor levantava algum incidente sobre questões de direito não tratadas anteriormente, indispunha-se, suspendia a audiência e trancava-se por algumas horas em seu escritório, para consultar códigos e manuais — e, quase sempre, desconfiando dessas surpresas, rejeitava o incidente. Muitas vezes, levantando-se ao fim do debate, voltava para pedir em voz baixa esclarecimentos ao Ministério Público, ao defensor ou mesmo ao escrivão, que estavam à espera na sala — quando não mandava chamar em segredo o defensor em sua sala para que ele repetisse, a sós, em detalhe, todos os argumentos da sustentação que ouvira pouco antes na audiência.

Esse advogado, que era um dialético sutil e astuto, notara essa fraqueza do pretor e se divertia em todas as audiências, embaraçando-o com novas e complicadas questões de direito. No fim, o pretor, que desconfiava dele, acabou adotando o sistema de sempre fazê-lo perder a causa; e, como o advogado foi reclamar com ele, o pretor humildemente declarou-lhe: — O senhor é bom demais e me dá medo. Nunca sei se está falando sério ou se quer brincar comigo.

Um dia, depois de um breve debate sobre uma simples contravenção de caça, o pretor se retirara para deliberar em seu escritório. Já estava trancado lá fazia duas horas. Durante essas duas horas (era na época da guerra civil espanhola), chegara ao lugarejo a notícia da queda de Barcelona. Os chefes fascistas locais encenaram uma demonstra-

ção de alegria: os sinos começaram a repicar, festivos, a população desceu às ruas, as janelas foram embandeiradas, formou-se um desfile, e na praça, bem debaixo da janela da pretura, um dirigente fascista local pôs-se a discursar para a multidão numa tribuna improvisada. Os "eia, eia, alalá" *subiam até o céu.*

Mas o pretor não os ouvia, trancado na câmara de conselho, e na sala de audiência, que ficara deserta, o advogado de defesa esperava em vão a sentença. Aconteceu então que alguns pedreiros, que trabalhavam no telhado de um prédio em obras bem em frente das janelas da pretura, atraídos por aquela barulheira, resolveram também ir até a rua; e, ao descerem dos andaimes, viram pelas janelas abertas o pretor sentado diante da sua mesa, com a cabeça entre as mãos e um livro aberto à sua frente. De vez em quando se levantava, dava alguns passos pela sala e fazia o sinal da cruz, juntando as mãos em ato de oração, e permanecia assim, absorto...

E os outros, lá na praça, cantando hinos fascistas. O juiz escrupuloso é bom, mas aquele exagerava.

★ *Um amigo americano, falando-me dos magistrados da Suprema Corte, que são nomeados sem limites de idade, queria demonstrar-me que a mais segura garantia de independência para os juízes é a velhice, porque o velho (dizia ele) não tem mais ambições.*

Admitamos que seja verdade (mas eu duvido). Se for verdade, é de temer que os juízes demasiado velhos não tenham mais nem mesmo a ambição de ser justos. A justiça é um fluido vivo, que circula nas fórmulas vazias da lei como o sangue nas veias; temo que as sentenças dos juízes velhos demais também sofram de arteriosclerose: exteriormente, as fórmulas parecem intactas, mas a justiça já não circula por elas.

★ *Um vocábulo de estilo burocrático, revelador de todo um mundo psicológico, é o adjetivo "encarregado". É uma palavra escrita no dicionário do burocrata perfeito, em que também está registrado o verbo "dar andamento".*

Um processo, isto é, um caso burocrático, distingue-se por uma pasta contendo uma coleção de papéis, de que "fica encarregado" — uma vez "pro-

tocolado em entrada" — o funcionário que tem o dever de lhe "dar andamento". Mas, para chegar ao fim, deve passar por diversas repartições e cada etapa desse itinerário significa uma parada da pasta na mesa de um funcionário diferente. Cada parada pode durar meses ou anos. Um belo dia, o funcionário que senta àquela mesa lembra-se daquela pasta poeirenta submersa sob outras pastas e a traz à tona, decidindo dedicar ao processo aquela meia hora de trabalho que este esperava; depois disso é "protocolado em saída", sendo transferido a outro funcionário, talvez na mesma sala, mas sempre numa mesa diferente. A partir desse momento, já não é ele o "encarregado" e para ele o processo "teve andamento" — o que acontece depois não lhe diz respeito; se, no fim do processo, o interessado obtém ou não justiça, não é problema seu. Também o burro de carga, quando o descarregam, não se preocupa em saber o que acontecerá com a carga, colocada em outro lombo.

Um processo também se traduz, na mesa da justiça, numa pasta cheia de papéis, a qual, antes de chegar à sentença, deve percorrer seu itinerário: da polícia ao procurador, deste ao juiz de instrução, de novo ao procurador, mais uma vez ao juiz de instrução, por fim ao colegiado... Seria um desastre se nesse itinerário também entrasse a psicologia burocrática de saber quem é ou deixa de ser o "encarregado"!

Pode-se compreender que vestígios dessa psicologia sejam encontrados na polícia. Para a polícia, o essencial é poder transmitir um processo que contenha uma confissão; quando o detido confessa, a polícia deixa de ser a "encarregada" do processo — quais os meios que empregou para isso, não interessa. O detido confessou, e assim a polícia "deu andamento" ao processo.

Mas quando o processo passa aos magistrados é outra coisa: os juízes não são feitos para se encarregar de processos, mas para desencarregar sua consciência do terrível peso de julgar; não são feitos para "dar andamento" aos processos e estar quites diante de seus superiores, mas para, de acordo com a justiça, encaminhar aquele réu ao destino que a sociedade lhe dá e que bem pode ser a cela de um presídio, fúnebre como o túmulo de um cemitério.

A linguagem da burocracia é um jargão de autômatos preguiçosos e indignos de confiança; a da justiça é a fala humana da gente simples.

★ *Acontece freqüentemente com o bibliófilo, que se diverte folheando religiosamente as páginas amare-*

ladas de algum precioso incunábulo, encontrar entre uma página e outra, grudados e quase absorvidos pelo papel, os restos agora transparentes de uma mariposa incauta, que há alguns séculos, buscando o sol, pousou viva naquele livro aberto, e quando o leitor subitamente o fechou ali ficou esmagada e ressecada para sempre.

Essa imagem me vem à mente quando folheio as peças de algum velho processo, civil ou penal, que dura dezenas de anos. Os juízes, que mantêm com indiferença aqueles autos à espera em sua mesa, parecem não se lembrar de que entre aquelas páginas se encontram, esmagados e ressecados, os restos de tantos pobres insetinhos humanos, que ficaram presos no pesado livro da justiça.

★ Quem pensa no peso de dores humanas confiado à consciência dos juízes pergunta-se como, com tão terrível tarefa a cumprir, eles conseguem ter sonos tranqüilos à noite. Contudo, o sistema da legalidade, se entendido de maneira demasiado acadêmica, com a engenhosa mecânica do silogismo judicial, parece feito de propósito para tirar do juiz o sentido *da sua terrível responsabilidade e ajudá-lo a dormir sem pesadelos.*

Na praça, há um enforcado, condenado à morte pelo juiz. A sentença foi executada, mas era injusta: o enforcado era inocente.

Quem é o responsável pelo assassinato daquele inocente? O legislador, que na sua lei estabeleceu em abstrato a pena de morte, ou o juiz, que a aplicou em concreto?

Mas o legislador e o juiz, um e outro, encontram um meio para lavar a alma, com o pretexto do silogismo.

O legislador diz: — Não tenho culpa por aquela morte, posso dormir tranqüilo: a sentença é um silogismo, do qual construí apenas a premissa maior, uma inócua fórmula hipotética, geral e abstrata, que ameaçava a todos mas não atingia ninguém. Quem o assassinou foi o juiz, porque foi ele quem, a partir das premissas inócuas, tirou a conclusão homicida, a lex specialis *que ordenou a morte daquele inocente.*

Mas o juiz diz, por sua vez: — Não sou culpado daquela morte, posso dormir tranqüilo: a sentença é um silogismo, do qual não fiz nada mais que extrair a conclusão, a partir da premissa imposta pelo legislador. Quem assassinou foi o legislador com a sua lei, a qual já era uma sententia generalis, *em que estava encerrada a condenação daquele inocente.*

Lex specialis, sententia generalis — *assim, legislador e juiz remetem um ao outro a responsabilidade; e um e outro podem dormir sonos tranqüilos, enquanto o inocente balança na forca.*

XIV

DA INDEPENDÊNCIA, OU DO CONFORMISMO E, EM GERAL, DO CARÁTER DOS JUÍZES

De um velho magistrado aposentado, que em cinqüenta anos percorreu com honra todos os graus da magistratura, dos mais humildes até o supremo, ouvi estas palavras de sabedoria:

"Não é a corrupção que pode constituir um perigo para os magistrados. Os casos de corrupção por dinheiro que vi em cinqüenta anos de experiência podem ser contados nos dedos de uma só mão; e sempre os vi serem descobertos e punidos exemplarmente. Também não se deve considerar ameaças muito graves à independência dos magistrados as interferências políticas: elas são freqüentes, mas não irresistíveis. O magistrado reto não as leva a sério, e é raríssimo que esta sua inflexibilidade lhe provoque algum dano.

"O verdadeiro perigo não vem de fora: é um lento esgotamento interno das consciências, que as torna aquiescentes e resignadas; uma crescente preguiça moral, que à solução justa prefere cada vez mais a acomodadora, porque não perturba o sossego e porque a intransigência requer demasiada energia.

"Na minha longa carreira, nunca me encontrei face a face com juízes corruptos, mas conheci muitos juízes indolentes, desatentos, carentes de vontade, prontos a se deter na superfície, para fugir do duro trabalho de escavação, que quem deseja descobrir a verdade tem de enfrentar. Com freqüência, essa superficialidade pareceu-me um resultado inevitável, e desculpável, da excessiva quantidade de trabalho que recai sobre certos magistrados. Mas conheci alguns (os melhores) que, apesar de sobrecarregados, conseguiam, perdendo horas de sono, estudar com escrupulosa diligência todas as causas a eles confiadas e expô-las em câmara de conselho sem esquecer a vírgula de um documento.

"A preguiça leva o homem a instalar-se no hábito, que significa entorpecimento da curiosidade crítica e esclerose da sensibilidade humana. A pungente piedade que obriga o espírito à vigília permanente acaba, com o correr dos anos, sendo substituída pela cômoda indiferença do burocrata, que lhe permite viver tranqüilamente na modorra. As recomendações, que não atingem os magistrados alertas, também podem parecer, a esses burocratas sonolentos, uma forma não desagradável de colaboração, que lhes permite adotar uma opinião alheia já pronta (a do amigo que recomenda), sem precisar se cansar fazendo uma opção própria: ouvir o que se diz por aí, recolher a frase de um amigo no café, re-

quer menos esforço do que ler com atenção as cinqüenta peças de uma instrução."

O velho magistrado ficou alguns instantes em silêncio, depois concluiu:

— Creia-me, a pior desgraça que poderia ocorrer a um magistrado seria pegar aquela terrível doença dos burocratas que se chama conformismo. É uma doença mental semelhante à agorafobia: é o pavor da independência própria, uma espécie de obsessão, que não espera as recomendações externas, mas precede-as, que não se dobra às pressões dos superiores, mas as imagina e satisfaz antecipadamente.

A vida de certos magistrados, pelo estipêndio limitado e pela necessária discrição de seu ofício, tende a confinar-se num horizonte estreito, que, a quem o observa de fora, pode dar uma impressão de mesquinhez. O estipêndio, especialmente quando o juiz tem muitos filhos, não dá margem às viagens, aos teatros, às leituras; e, de resto, o magistrado deve ser cuidadoso na escolha de suas relações sociais, para evitar contatos inconvenientes e amiza-

des comprometedoras. Ocorre, assim, que as famílias dos magistrados se reduzem a constituir entre si uma espécie de tebaida isolada, na qual vivem em ascetismo, falando de estipêndios e promoções.

No entanto, seria bom ter no magistrado sobretudo largueza de idéias: a despreconceituosa experiência do mundo, a cultura que permite entender os fermentos sociais que fervilham sob as leis, a literatura e as artes, que ajudam a penetrar os mais profundos mistérios do espírito humano.

Debaixo da ponte da justiça passam todas as dores, todas as misérias, todas as aberrações, todas as opiniões políticas, todos os interesses sociais. E seria bom que o juiz fosse capaz de reviver em si, para compreendê-los, cada um desses sentimentos: experimentar a prostração de quem rouba para matar a fome ou o tormento de quem mata por ciúme; ser sucessivamente (e, algumas vezes, ao mesmo tempo) inquilino e locador, meeiro e proprietário de terras, operário em greve e industrial.

Justiça é compreensão, isto é, abarcar e conciliar os interesses opostos: a sociedade de hoje e as esperanças de amanhã, as razões de quem a defende e as de quem a acusa.

Mas se o juiz compreendesse tudo, talvez não pudesse mais julgar: tout comprendre, c'est tout pardonner*. *Talvez, para que possa alcançar os li-*

* Compreender tudo é perdoar tudo. (*N.T.*)

mitados objetivos que nossa sociedade lhe atribui, a justiça necessite, para funcionar, de horizontes não demasiado vastos e de um certo espírito conservador, que pode parecer mesquinharia. Os horizontes do juiz são marcados pelas leis; se o juiz compreendesse o que há além, talvez não pudesse mais aplicá-las com tranqüilidade de consciência. É bom que não perceba que a função que nossa sociedade atribui à justiça é, com freqüência, a de conservar as injustiças consagradas nos códigos.

★ *Em outros países, vê-se a decisão nascer diante dos olhos do público; encerrado o debate, os juízes não se retiram em câmara de conselho, mas permanecem discutindo na sessão pública, cada um manifestando livremente, antes de passar ao voto, sua opinião e as razões que a sustentam; no fim, se valer como decisão a opinião da maioria, os juízes que ficaram em minoria também têm o direito de tornar públicos os motivos da sua discordância. Em certas cortes supremas da América Latina, a deliberação colegiada se desenrola em público, com a solenidade e as formas de uma discussão parlamentar.*

Em nosso sistema judiciário, no entanto, a decisão aparece sempre como deliberada por unanimidade. Os bem informados sussurram que, na câmara de conselho, houve diferenças, talvez até altercações; mas ninguém deve ficar sabendo disso do lado de fora, porque a câmara de conselho é secreta. Os juízes são de fato, como queria Montesquieu, "seres inanimados", que perdem suas características individuais na coletividade anônima do colégio.

O caráter secreto da câmara de conselho é a consagração institucional do conformismo: o juiz pode pensar em segredo com a cabeça, contanto que ninguém fique sabendo do lado de fora. A decisão assemelha-se, assim, à fórmula com que se encerram as conferências secretas dos diplomatas: mesmo que estejamos às vésperas da guerra, os interlocutores se despedem "constatando com satisfação seu perfeito acordo".

Esse cunho secreto pode agradar ao juiz que gosta da vida sossegada e que prefere descarregar sua responsabilidade pessoal atrás do biombo da decisão colegiada, mas acaba agindo sobre seu caráter como uma droga estupefaciente. É um exemplo típico de unanimidade de Estado, que salva as aparências à custa das consciências.

★ Certa vez, sem querer, consegui presenciar, ainda que apenas ouvindo, os ritos misteriosos que se celebram nas câmaras de conselho. Nunca havia contado isso até agora, para não ser dilacerado pelos sacerdotes enfurecidos, como acontecia com o profano que era surpreendido violando o segredo dos mistérios órficos.

Depois de um debate, fui tirar a beca na salinha dos bedéis, contígua à sala em que, naquele momento, o tribunal se trancara em câmara de conselho; de repente, através da parede, ouviram-se altos gritos, tão estridentes que atravessaram a parede. Ficamos todos à escuta e ouvimos distintamente uma voz irritada que advertia:

— Já lhe disse cem vezes que você tem de estudar as causas!

Perguntei ao bedel quem berrava daquele modo e ele me respondeu:

— É o presidente que dirige a discussão em câmara de conselho.

⋆ A propósito dos mistérios nas câmaras de conselho, um presidente de tribunal contou-me que, certa vez, quando estava fechado com seus desembargadores para decidir um processo, ouviu um deles enunciar uma tese tão disparatada, que não pôde deixar de gritar:

— Mas isso é uma baboseira!

(Na verdade, para ser exato, empregou uma palavra ainda mais incompatível com o estilo presidencial, a mesma que Ariosto ouviu do cardeal Hipólito, quando lhe apresentou o Orlando Furioso.)

O desembargador, sem se alterar, respondeu dignamente:

— Excelência, em câmara de conselho as baboseiras se chamam "opiniones doctorum".

⋆ Um velho magistrado, que durante sua longa carreira aprendeu com perfeição a etiqueta das câmaras de conselho, confia-me ter encontrado algumas vezes juízes tão zelosos de seu voto, que se ofendiam quando algum colega ousava intervir para exprimir a respeito dele uma opinião diferente, ou simplesmente uma respeitosa dúvida.

Em geral, em câmara de conselho, não apenas são admitidas, mas desejadas, depois que o relator *inicia a discussão, as objeções de todos os participantes, chamados a carregar, todos juntos, o peso da decisão colegiada. Mas quando há relatores de caráter suscetível, a câmara de conselho corre o risco de se assemelhar às reuniões periódicas de certas academias, em que cada sócio tem o direito de ler, na sua vez, uma dissertação para os outros que cochilam em silêncio, contanto que se empenhe em compensação, ao chegar a vez dos outros, em cochilar do mesmo modo.*

⋆ *Pode acontecer, em certos casos, que o caráter colegiado da decisão seja um fármaco depressor, que entorpece o senso de responsabilidade individual; mas, em outros casos, também pode ser um tônico. Para ter a coragem de remar contra a corrente, o caráter colegiado pode servir de apoio: quando o vento sopra forte é melhor não estar sozinho; sendo muitos, dão-se as mãos e seguram-se um no outro.*

★ *Em câmara de conselho, é delicada a situação de certos magistrados próximos da promoção. Sabem que terá grande peso para seu êxito o juízo que fará deles o presidente do colégio de que fazem parte e não se arriscam a contradizê-lo, mesmo se estão convencidos de que a opinião dele está errada e que, decidindo como ele quer, estarão cometendo uma grande injustiça.*

O juiz próximo da promoção sabe que, enquanto julga os litigantes, o presidente o julga, e ele se encontra diante do presidente como, diante do examinador, o examinando, que para passar no exame está disposto a jurar in verba magistri.

Quantas vezes um relator, que estava convencido, numa causa cível, das boas razões de um dos litigantes (ou, o que é pior, de um réu numa causa penal), teve de reformular sua opinião em câmara de conselho e aceitar a opinião contrária do presidente, só para não ficar em oposição a ele! Li certa vez, num projeto de lei sobre a admissão das mulheres na carreira judiciária, uma disposição que as isentava do trabalho nos períodos de gravidez, não apenas (explicava o proponente) em vista do seu estado físico, mas também em vista do debilitamento psíquico que esse estado acarreta.

Creio que igual cautela deveria ser adotada no caso dos juízes homens, nos nove meses de gestação que precedem sua promoção.

Um construtor de edifícios vendera a uma senhora casada um apartamento em construção, comprometendo-se a entregá-lo acabado dentro de certo prazo, mediante pagamento do preço. O apartamento foi entregue no prazo, mas o preço não foi pago; por fim, o construtor foi obrigado a citar a senhora em juízo para fazer com que fosse condenada a pagar.

Na primeira audiência diante do juiz de instrução, este se demonstrou francamente convencido das boas razões do construtor e dirigiu à senhora inadimplente palavras de severa censura. Mas, na audiência seguinte, em que se tratava de admitir as provas requeridas pelo autor, a atitude do juiz mudara da água para o vinho: deu francamente a entender que o construtor estava errado e declarou inaceitáveis as provas por ele oferecidas.

O advogado do autor, amigo pessoal daquele magistrado, ficou tão perplexo com essa inexplicável mudança de cena, que não pôde deixar de lhe pedir explicações frente a frente. E o juiz, com ar sinceramente aflito, lhe disse:

— Vou lhe falar com o coração aberto. Na primeira audiência, eu ainda não sabia de uma circunstância decisiva, que descobri em seguida: aquela senhora é mulher de um alto magistrado que faz parte da comissão julgadora da minha promoção. Estou sinceramente consternado com essa coincidência, mas você precisa compreender o que representa para a minha vida uma promoção que espero há dez anos. Entenda que, nesse processo, o verdadeiro objeto da controvérsia não é o apartamento do seu cliente, mas a minha promoção.

E, como o advogado não parecia persuadido com esse raciocínio, o juiz acrescentou:

— Também sei que é uma injustiça não lhe dar razão, mas me consolo pensando que, quando eu tiver salvado minha promoção com a sua sucumbência, os juízes de apelação certamente lhe darão razão.

* *Pode resultar sumamente perigosa para o réu, sem que ele sequer suspeite, a antipatia pessoal ou a rivalidade de carreira entre os magistrados (também eles são homens) que devem julgá-lo. Pode*

acontecer que, em câmara de conselho, um juiz procure desacreditar a tese do relator só porque ambos são concorrentes à mesma promoção, ou que uma sentença seja reformada em apelo ou anulada em cassação não porque seja injusta, mas porque, no subconsciente do magistrado que a reexamina em instância superior, torna a aflorar uma antiga rusga pessoal com o juiz que a exarou.

Nesses casos, o processo torna-se um litígio entre juízes, de que as partes, sem saber, pagam as custas.

É difícil para o juiz encontrar o ponto de equilíbrio justo entre o espírito de independência em relação aos outros e o espírito de humildade em relação a si mesmo: ser altivo sem chegar a ser orgulhoso e, ao mesmo tempo, humilde sem ser servil; ter tanta auto-estima que saiba defender sua opinião contra a autoridade dos poderosos ou contra as insídias dialéticas dos causídicos e, ao mesmo tempo, ter tanta consciência da falibilidade humana que esteja sempre disposto a avaliar atentamente as opiniões alheias, chegando a reconhecer abertamente

seu erro, se for o caso, sem se perguntar se reconhecê-lo pode parecer uma diminuição de seu prestígio. Para o juiz, a verdade deve contar mais que a prepotência alheia, e mais também que seu amor-próprio.

★ *Os erros judiciários, quando se consegue descobri-los, demonstram que o juiz não é infalível. Por isso, o juiz que se crê infalível é, naturalmente, levado a considerar como um caluniador quem ousa lembrar que, em certo caso, um colégio judicante condenou à morte um inocente.*

O erro judiciário às vezes é o efeito inconsciente de um pecado de orgulho: o magistrado que tomou um caminho recusa-se a ouvir as razões de quem quer demonstrar-lhe que esse caminho está errado, por estar convencido de que, se o abandonasse depois de ter enveredado por ele, a dignidade da justiça sofreria com isso.

Ele acredita que está em jogo a justiça, ao passo que está em jogo apenas seu amor-próprio. Sem perceber, obstinando-se na sua tese, de juiz transformou-se em parte.

★ *As sentenças também são como as estações. Todos os advogados sabem que certas causas, discutidas às vésperas das férias, correm o risco de ser decididas por magistrados que já fizeram as malas para ir viajar.*

Serão sentenças leves, como as roupas de verão.

★ *Um jovem magistrado, que trabalhava no Ministério Público, confiava-me com um suspiro:*

— Meu superior nunca me elogia por uma instrução realizada diligentemente, por um requisitório bem motivado. O que conta, para ele, é a quantidade de processos que consigo expedir todo dia da minha mesa. No fim do mês, pergunta-me apenas a quantos processos dei andamento; e, quantos mais eles são, mais me elogia. É a quantidade que lhe interessa, não a qualidade; o problema que o obseda é

o do trabalho atrasado, não o de fazer justiça. Para resolver seu problema, dez requisitórios apressados, em que se pede a condenação de dez inocentes, valem dez vezes mais que um só requisitório longamente meditado para conseguir ser justo.

Contei-lhe então, para consolá-lo, a frase que citam de Vittorio Scialoja, quando foi ilustrar ao chefe de governo daquela época o programa de uma coleção de clássicos latinos que devia ser organizada pela Academia de Ciências:

— Excelência — disse — esta é uma empresa de grande fôlego, que requer uma paciente preparação: não pode ser feita "fascistamente"...

— Ou seja? — perguntou seu interlocutor, arregalando os olhos.

— Ou seja, depressa e mal, excelência.

A justiça também é como essa coleção de clássicos: deve ser pronta, mas não apressada.

★ Fala-se muito de certos casos clamorosos de erros judiciários, descobertos vinte ou trinta anos depois, quando o verdadeiro culpado, à beira da morte, confessa seu delito. A opinião pública se comove. Como *fazem os magistrados para não se sentirem perturbados com a idéia de que casos semelhantes são possíveis e de que por culpa deles criaturas inocentes podem estar definhando na prisão por toda a vida? Responde outro magistrado, próximo da aposentadoria (não é piada, isto foi dito com toda a seriedade):*

— Se fizermos um cálculo de probabilidades, pode ser que a metade das sentenças seja injusta e que, por conseguinte, metade dos condenados que estão na prisão seja inocente; mas, pela mesma razão, metade dos absolvidos que estão em liberdade eram, na realidade, culpados e deveriam estar presos. Não devemos nos comover com o caso isolado, é preciso encarar o fenômeno do erro judiciário pelos números gerais; então, veremos que, de acordo com a estatística, há uma compensação entre os erros opostos. Assim, a balança da justiça está em equilíbrio e nós, juízes, podemos dormir sossegados.

★ *É um azar topar, como às vezes acontece, com um juiz suscetível, com um juiz que considere uma ofensa pessoal até mesmo a expressão, pelo advogado, de uma crítica respeitosa ou de uma discordância.*

Esse azar, infelizmente, me sucedeu certa vez, numa questão trabalhista originada com a demissão de dois empregados administrativos, aos quais a empresa, que os demitira para reduzir o pessoal, negava sob pretextos diversos a indenização devida. Ambos tinham o mesmo nível e o mesmo tempo de firma, de modo que a indenização de demissão deveria ser absolutamente igual para os dois, até nos centavos. Um dos demitidos foi defendido por mim, outro por um advogado de sua confiança. Duas causas absolutamente idênticas, mas dois processos diferentes, iniciados no mesmo dia, diante da mesma seção do tribunal e ambos atribuídos ao mesmo juiz de instrução.

Os dois demitidos, naturalmente, tinham pressa de receber; mas o juiz de instrução não tinha pressa, tanto que adiou repetidas vezes as audiências dos dois processos. No fim, após quase um ano de espera, as duas causas foram levadas juntas a julgamento e examinadas no mesmo dia.

Os dois defensores, meu colega e eu, tínhamos sustentado a mesma tese, baseada em determinado artigo do código civil; mas cometi a imprudência de ressaltar, na minha defesa escrita, a inoportunidade daqueles adiamentos. Sabe-se (dizia eu) que a indenização de demissão deve servir para alimentar o trabalhador desempregado enquanto busca novo emprego; fazê-lo esperar um ano é correr o risco de concedê-la quando já tiver morrido de fome.

Essa frase irritou o tribunal, o qual, no mesmo dia, pronunciou para os dois casos idênticos duas decisões diferentes. Na causa defendida por meu colega, homem pacífico e paciente, reconheceu ao demitido o direito a indenização integral; na defendida por mim, estendeu-se em polêmica contra a intemperança do patrono, e por punição interpretou o mesmo artigo de lei de modo diferente, de maneira a reduzir a indenização do meu patrocinado à metade do que lhe caberia de acordo com a justa fundamentação da outra sentença.

Um juiz suscetível pode ser levado, sem perceber, a fazer cair sobre a parte inocente a culpa do defensor demasiado fogoso. Os juízes nasceram para julgar, não para serem julgados; o advogado sem papas na língua, que pretendesse julgá-los, poderia tornar-se, sem querer, a ruína de seu cliente.

★ *A idéia de que a decisão de primeira instância pode ser reformada pelo tribunal de apelação é capaz de exercer sobre o juiz que a redigiu, conforme a natureza deste, influências benéficas ou malignas.*

Para alguns juízes, aqueles que têm mais clara consciência da facilidade com que os homens incorrem em erro, é uma idéia tranqüilizadora, que lhes possibilita suportarem melhor o tormento da responsabilidade ("se eu errar, por sorte há juízes de apelação que poderão remediar").

Mas há outros juízes para os quais essa idéia se torna uma espécie de pesadelo, a ponto de induzi-los a conceber engenhosas fundamentações destinadas a fechar a quem perde os caminhos proporcionados pela lei para recorrer aos juízes superiores.

Prefiro a serenidade dos juízes da primeira espécie, mas compreendo o ciúme dos outros, que, no fundo, nada mais é que o exagero de um sentimento humano: muitos pais perdem o uso da razão ante a idéia de que alguém possa não achar bonitos seus filhos.

⋆ *Uma das lembranças mais mortificantes da minha experiência profissional é a de um encontro realizado muitos anos atrás, e que larguei pela metade, com o presidente de um pequeno tribunal de província, um velho próximo da idade-limite, descontente con-*

sigo mesmo (como depois percebi) e que se tornara um homem azedo naquela mesquinhez provincial em que terminava sem glória sua carreira.

Eu tinha ido explicar-lhe as razões pelas quais, num processo de separação pessoal que se realizava diante dele, minha cliente não concordava em aceitar uma conciliação, que teria deixado a administração do considerável dote nas mãos do marido descabeçado e dissipador. O presidente ouviu-me um pouco, com ar desconfiado e grosseiro (eu fizera uma longa viagem para ter aquele encontro e era a primeira vez que ele me via), depois me interrompeu bruscamente:

— Entendi, entendi: a conciliação não convém ao senhor. Sua cliente tem um belo patrimônio, seria uma pena concluir assim uma bela causa, que promete tanto aos senhores advogados...

E piscava o olho, como se me tivesse feito um elogio.

Deixei plantado ali aquele mal-educado, para não lhe responder com palavras desairosas. Mas, algum tempo depois, falando com a cabeça fria sobre aquele episódio com um magistrado de outra cidade, meu amigo, pessoa sensível e humana, exprimia-lhe meu espanto com a rudeza desse presidente, que não percebera a ofensa que me fizera:

— Se eu dissesse a um juiz que a magistratura é uma profissão como as outras e que o que anima

os magistrados não é o amor à justiça, mas apenas a espera do estipêndio no fim do mês, ele teria toda razão de se ofender; por que não deveria ofender-se um advogado ao ouvir um juiz dizer-lhe a mesma coisa?

Meu interlocutor procurava justificar o velho presidente:

— Certos magistrados sofrem de uma espécie de soberba profissional, a qual se recusa a crer que possa haver advogados decididos a servir à justiça por simples amor a ela e não por cupidez. Os juízes acreditam deter o monopólio dessa religiosa dedicação a seu ofício: só a magistratura seria digna de ser considerada um apostolado, enquanto a advocacia, esta sim, seria apenas uma profissão...

Respondi-lhe que o juiz que não entende que também para os advogados (para os melhores) o maior conforto pode ser a consciência, ou a ilusão, de servirem à justiça, esse juiz também não conhece tal conforto para si. Cada um avalia o outro, até sem perceber, com base em si mesmo. Se há juízes que acreditam que para os advogados a única luz da vida é a miragem dos grandes ganhos, isso significa que eles mesmos não encontram compensação apreciável no amor desinteressado à justiça e que todos os dias se recriminam por terem escolhido uma profissão pouco lucrativa. Mas isso não é superioridade moral, é baixa inveja.

Às vésperas do julgamento de uma grave causa penal, cujo êxito parecia seguramente previsível de acordo com a jurisprudência firmada havia muito tempo, o presidente todo agitado anuncia a um dos defensores que encontra no corredor:

— Advogado, vai ver amanhã! Será um verdadeiro cataclismo da jurisprudência. Pronunciaremos uma sentença fora do comum, uma sentença que "marcará época".

Eróstrato, para se tornar célebre, incendiou o templo de Diana Efésia e assim conseguiu passar para a história. Será, então, que pode haver magistrados com tamanha sede de fama que estejam dispostos a fazer a jurisprudência desabar na cabeça dos réus, para terem o gosto de ver publicada nas revistas, com seu nome, a sentença subversora?

★ *Faz vinte anos, na ante-sala do primeiro presidente do Tribunal de Cassação, assisti a uma cena curiosa. Para ser recebido pelo presidente, era necessário inscrever-se com o bedel, que mandava entrar rigorosamente segundo a ordem de inscrição. Nas poltronas estavam pacientemente sentadas, à espera da sua vez, diversas pessoas já inscritas, entre as quais também eu.*

Chega um Fulano, com ar de autoridade, o qual com voz peremptória diz ao bedel (eram os tempos fascistas do "vós"):

— Anunciai-me a sua excelência. Dizei-lhe que é o desembargador e comendador B...

— Já vos irei inscrever — respondeu o bedel.

— Mas antes disso anunciai-me!

— Não posso, as ordens são estas: anunciarei quando chegar vossa vez.

Furioso, o sujeito bufa e sai. Volta pouco depois com um escrivão, que talvez seja o superior direto do bedel e que diz a ele com ar insinuante:

— É o comendador B..., desembargador. Anuncie-o a Sua Excelência.

Mas o bedel teimava:

— Anunciarei na vez dele.

E por meia hora o tal comendador, que é um magistrado servidor da justiça, berra, protesta e se impacienta diante de nós, que temos o direito de ser introduzidos antes dele, porque não é capaz de resignar-se a respeitar a ordem de precedência.

Se esse homem não tem aquele pouco de discrição necessário para frear seu egoísmo, o que se pode esperar dele como magistrado? Como pode ditar justiça aos outros aquele que não é capaz sequer de ensinar a si mesmo como se faz para respeitar sua vez?

(Um magistrado amigo meu, a quem contei o episódio, explicou-me:

— Sei quem é. Tenha dó dele. Estava aguardando a promoção. Os magistrados que se encontram nessa situação tornam-se agitados, irresponsáveis. Quando tiver sido promovido, recuperará sua tranqüilidade e voltará a saber por si mesmo como se comportar entre pessoas educadas que esperam na fila.)

★ *As manobras de corredor, as intromissões, as recomendações produzem sobre certos juízes um efeito diametralmente oposto ao esperado por quem recorre a elas e que, por se ter feito incautamente recomendar, se vê vítima da própria malícia.*

Certa vez, numa causa em que estavam em jogo interesses econômicos relevantes e havia motivo para temer interferências políticas a favor de uma das partes, o advogado da outra, antes de ser nomeado o relator da causa, foi até o presidente do tribunal expor-lhe francamente seus temores.

O presidente não demonstrou levar a mal aquela sua franqueza e tranqüilizou-o, dizendo:

— Fique sossegado, nomearei como relator o magistrado mais insociável do colégio, tão "inacessível" que não só não ouve as recomendações como, se há uma parte que se faz recomendar, julga-a errada mesmo que seja justo lhe dar razão.

O advogado satisfez-se com as palavras do presidente e, de fato, a decisão lhe foi plenamente favorável.

Mas, depois, assaltou-o uma dúvida: — Ganhei a causa porque o relator convenceu-se das razões do meu cliente ou porque se ofendeu com as recomendações do meu adversário?

(Conheci um professor que sofria da mesma fobia. Porém, para evitar que esta o induzisse a um injusto rigor contra os examinandos que se faziam recomendar, metia no bolso sem ler todas as cartas em que lhe parecia adivinhar uma recomendação — e as lia depois, terminados os exames. O bonito é que quase sempre percebia, com essa leitura retrospectiva, que todos os recomendados haviam sido regularmente reprovados e ficava contente com essa coincidência, como se fosse uma prova matemática.)

Na própria vida privada dos juízes são recrimináveis como incompatíveis com a gravidade de seu ofício certas pequenas fraquezas ou certas inocentes distrações que se perdoam, ou até se vêem com simpatia, em outras pessoas.

Por exemplo, se eu fosse (como, para minha vergonha, não sou) um freqüentador de partidas de futebol e entre o público torcedor reconhecesse um desembargador agitando freneticamente os braços e xingando o árbitro de vendido, como poderia eu amanhã, discutindo uma causa diante dele, continuar a ter fé em sua serenidade e em seu equilíbrio?

A mesma sensação de desânimo tomou conta de mim certa vez, quando, conversando de perto, antes da sessão, com o presidente de um tribunal diante do qual eu comparecia para sustentar um recurso, percebi, pelos reflexos iridescentes da sua cabeça besuntada, que tingia os cabelos. — Ai de mim, ai de mim, como pode ser um escrupuloso buscador da verdade nos assuntos alheios quem a adultera até mesmo na cor de seus cabelos?

★ *Numa comissão de estudo para a reforma da organização judiciária, ouvi dizer que uma vez (talvez duas) aconteceu que um magistrado que acabava de ser promovido, enquanto esperava ser destinado a uma nova sede, pediu para passar da magistratura judicante, onde até então se desenrolara toda a sua carreira, à magistratura requerente (isto é, ao Ministério Público); e isso não por se sentir particularmente adequado às funções da acusação pública, que reclama dotes oratórios notáveis, mas porque, em geral, na magistratura requerente os cargos disponíveis são mais numerosos do que na magistratura judicante e é mais fácil, para o magistrado que escolhe a primeira, encontrar livre um cargo numa cidade de seu agrado. Depois, esse magistrado, uma vez obtida a sede desejada, apresentou um atestado médico comprovando que sofria de rouquidão crônica, o que o impedia de falar em público; e, por esse motivo, conseguiu ser retransferido, como excedente, na magistratura judicante daquela mesma cidade.*

Brilhante truque. Mas eu não gostaria que a um magistrado assim coubesse amanhã decidir sobre uma dessas causas, tão freqüentes na prática, que se reduzem a uma questão de lealdade e de boa-fé.

★ Fez escândalo alguns anos atrás, nos jornais, a crise de frenesi que se apossou daquele deputado que, numa tarde abafada de agosto, quando estava à mesa de um restaurante de Roma, viu sentar-se à mesa ao lado uma jovem senhora acompanhada do marido, a qual, tirando o bolero, ficou vestida com uma daquelas roupas sucintas de verão que se chamam "banho de sol".

Ao ver aqueles ombros desnudos, o deputado moralista, ofendido em seu pudor, perdeu as estribeiras e cobriu de impropérios a senhora depravada (digno de admiração foi o marido, que soube abster-se de cobrir de socos aquele possesso).

Como deputado, nada a dizer. Mas o mal é que era magistrado. Se amanhã os eleitores não o reelegerem e ele voltar a julgar, como poderá confiar na sua serena equanimidade um advogado que seja chamado a defender diante dele um acusado de ultraje ao pudor?

Os juízes devem ser (ou, pelo menos, procurar parecer), não digo homens medíocres, mas homens *medianos. Mesmo no pudor, quando se é juiz, não convém exagerar.*

★ *Depois de pronunciar a decisão iníqua, um dos juízes que haviam tomado parte no julgamento me confessou:*

— Ao sairmos da câmara de conselho, depois de termos tomado aquela decisão, todos nós nos sentíamos perturbados e descontentes. Mas, infelizmente, não se podia fazer de outro modo: lei é lei.

Bem dito. Mas os juízes deveriam dar maior atenção a esse senso de descontentamento que às vezes os invade na ocasião de saírem da câmara de conselho. Quando isso acontece, deveriam voltar atrás e perguntar se essa desculpa da observância da lei muitas vezes não é uma hipocrisia para fazer a injustiça passar sob o manto da legalidade.

Questionário para um exame de consciência de um magistrado no fim da sua carreira:

— Alguma vez sucedeu-me, quando parecia estar convencido da culpa do réu, perceber de repente que começava a considerá-lo inocente depois de saber de quem era filho?

— Alguma vez sucedeu-me, ao decidir uma contenda, não poder tirar da cabeça as opiniões políticas, a fé religiosa, o parentesco ou as amizades da parte que ganhara a causa?

— Alguma vez sucedeu-me, na mesma audiência, ao convidar duas testemunhas a sentarem-se diante de mim, adotar para cada uma delas uma fórmula diferente: para uma "por favor", para a outra "sente-se"?

— Alguma vez sucedeu-me, ao lavrar uma sentença, pensar sem querer nas conseqüências que lavrá-la de uma maneira ou de outra poderia ter para a minha promoção ou para a minha transferência?

Doce e tranqüila é a velhice do magistrado aposentado que a todas essas perguntas pode responder:

— Nunca.

XV

DE CERTAS SERVIDÕES FÍSICAS, COMUNS A TODOS OS MORTAIS, DAS QUAIS NEM MESMO OS MAGISTRADOS PODEM FUGIR

Os juízes também são pobres criaturas sujeitas às gastralgias. E, sob a aparente impassibilidade da toga, escondem com freqüência a angustiante luta de quem procura sufocar, sem deixar que nada transpareça, os caprichos de suas entranhas irrequietas.

Certa vez, quando passeava nos corredores do tribunal à espera de minha vez de sustentar, vi sair da sala e vir correndo a meu encontro um colega com os olhos fora das órbitas, como se houvesse assistido a algo extraordinário. Pegou-me pelo braço, arrastou-me consigo.

— Incrível, incrível! Preciso lhe contar...

(É bom saber que, na terminologia processual, o verbo técnico que se adota quando o tribunal repele o recurso é "rejeitar", o contrário de "acolher". O procurador-geral, quando faz seu requisitório, conclui com uma destas duas fórmulas: "pede que o tribunal acolha...", ou "pede que o tribunal rejeite...".)

Então aquele meu colega, ainda perturbado com o que vira, contou-me que na sua causa, depois das sustentações dos dois advogados (o recorrente e o recorrido), levantara-se para concluir o procura-

dor-geral, que naquele dia era um magistrado valorosíssimo, conhecido pela grande paixão que mesmo nas causas cíveis dava à sua eloqüência um tom patético e envolvente.

Dessa vez, ele queria persuadir o tribunal a acolher o recurso e, por artifício dialético, formulava a hipótese de que o tribunal o rejeitasse, imaginando antecipadamente as absurdas conseqüências: — Pense bem a excelentíssima corte no que aconteceria se rejeitasse. Rejeite, rejeite, mas depois...

Não pôde acabar: um dos ministros que compunham o colégio e que, com a cabeça nas mãos, parecia muito atento ao seu requisitório, teve um súbito sobressalto e ali mesmo, na mesa limpíssima, seguiu, só que dando ao verbo um sentido bem diferente, o conselho que o procurador-geral com pureza de intenções dirigira ao tribunal...

Poderosa força de sugestão da oratória! O pobre coitado, para não interromper a sessão, fazia uma hora que estava ali, contraído, comprimindo o estômago sob a toga. Dentes cerrados, a testa gotejante de um suor gelado, conseguira até aquele ponto não fazer feio...

Bastou aquela frase alusiva, aquele verbo traiçoeiro. Foi como uma onda para quem sofre de enjôo no mar, como a gota d'água, poderíamos dizer com propriedade, que faz transbordar o copo.

A sessão, naturalmente, foi suspensa.

★ Naquela espécie de representação sacra que é o julgamento, com sua liturgia e seus paramentos, a indumentária ritual constituída pela toga e pelo barrete (pela peruca, nos tribunais ingleses) transforma os juízes, ou tem a ilusão de transformá-los, em símbolos iguais e equivalentes da mesma função, aliviados, sob o uniforme profissional, de todas as pesadas taras individuais.

Entre essas taras, que a indumentária pretenderia esconder, incluem-se também aquelas servidões físicas, diferentes de pessoa a pessoa, que tiranizam de forma variada a frágil e dolente criatura humana. Mas a lei processual não as reconhece; ela não admite que sob a mesma toga os magistrados sentados em sessão tenham idade diferente, ou saúde diferente, ou humor diferente; não distingue entre o jovem e o velho, o sadio e o enfermo, o anêmico e o pletórico. Não supõe que aqueles personagens imóveis e dignos, que nas cerimônias solenes amantam-se de púrpura e arminho, possam sofrer das inexoráveis enfermidades da velhice, um fígado que funciona mal, um coração que dispara. Segun-

do os teóricos, o que conta no processo é a forma, que é igual para todos; os juízes são todos sadios, modelos de integridade moral e física, com os sentidos vigilantes, com os nervos sólidos; o problema da resistência física não se coloca para eles, porque não são homens sujeitos à servidão da dor, mas abstrações simbólicas, livres da fome e da sede, do cansaço e da idade.

Mas os advogados sabem que, concretamente, o êxito da causa pode depender de uma cólica de fígado ou de uma exaustão senil. As sentenças também podem sofrer de artrite ou de icterícia e trazem em suas motivações os sintomas reveladores disso. Com freqüência, o apelo ao juiz superior assemelha-se a uma cura de desintoxicação, destinada a dissolver os cálculos biliares: contra a sentença do juiz doente, procura-se a do juiz sadio (ou, pelo menos, do juiz que sofre de uma doença diferente).

⋆ *Os advogados penalistas, em sua gíria, chamam de negros os juízes que por princípio tendem mais à severidade que à indulgência e que consideram a inocência uma falta de respeito (quase como um* crimen laesae maiestatis*) para com a dignidade da sua função.*

Por que os chamam de "negros"? Suponho que no subconsciente desse epíteto haja uma referência à cor da bílis, que os antigos chamavam de "negra". Juízes melancólicos, juízes atrabiliários — palavras de som diferente, mas de significado análogo. Quase sempre o excesso de severidade depende de uma oclusão do fígado, que faz ver negra até mesmo a cândida inocência.

★ *Não há, pois, por que se escandalizar tanto se, nas sessões destinadas ao debate oral das causas, toma parte um magistrado meio surdo.*

Essa deficiência seria inconcebível num tribunal inglês, em que toda a audiência consiste num diálogo em voz discreta entre o magistrado, que se senta na cátedra, e os advogados, que estão na barra, diante dele. Diálogo rápido e amistoso, no qual o magistrado não teme interromper o advogado no meio de um discurso que não o está persuadindo e refutá-lo abertamente, dando razão à tese do adversário; e, no fim, quando através desse leal colóquio chega a convencer-se da verdade, dita imediatamente à estenógrafa, sem se retirar em câmara de conselho, os fundamentos e o dispositivo da sua sentença. Com esse método de audiência dialogada, não é admissível que o magistrado, que deve dirigir o debate, seja surdo — não é possível uma conversa em voz baixa com um surdo.

Mas no estilo italiano não é indispensável (especialmente nas causas cíveis) que os magistrados ouçam. O arrazoado é como um rito que o advogado celebra por conta própria; os magistrados limitam-se a assistir sem tomar parte, como numa mímica teatral, freqüentemente admirável, mas sempre inútil.

Isso é verdade sobretudo nos processos cíveis, em que, exceto em grau de cassação, a decisão é proferida meses depois, quando os juízes que assistiram à sustentação oral, mesmo os que têm bom ouvido, já não podem lembrar-se do que ouviram.

Meses depois, a sustentação oral se tornou, em sua memória, como que um ruído distante e sem sentido: toda diferença de ouvido entre quem a ouviu e quem não a podia ouvir é anulada pelo tempo.

Nosso processo cível dá tão pouca importância ao debate oral, que parece feito de propósito para tornar todos os magistrados unanimemente surdos — se não surdos por natureza, surdos por ofício.

* *Não seria mau que o advogado, quando deve discutir uma causa, fosse previamente informado sobre os costumes domésticos do juiz: a que horas ele almoça, se sua esposa põe a mesa pontualmente ou se, por acaso, precisamente naquele dia, não tem algum convidado.*

Se tivesse essas informações, o advogado evitaria continuar a falar quando está para soar aquela hora fatídica, além da qual a serenidade do juiz é fatalmente perturbada pelo mau humor gastronômico. Com sua brevidade seria mais útil à causa de seu cliente do que com uma eloqüente e demorada oração, quando a mente do juiz está invadida pela lúgubre obsessão do modesto almoço que passa do ponto de cozimento.

★ *Fiz uma longa viagem para ir debater uma difícil causa cível num distante tribunal de apelação; mas quando cheguei, antes de começar a sessão, o presidente mandou me chamar em seu gabinete e me disse cortesmente:*

— Desculpe, advogado, mas o julgamento precisa ser adiado.

— Excelência, fiz a viagem especialmente...

— Compreendo e sinto muito pelo senhor; mas o relator que estudou a causa ficou doente ontem e tive de substituí-lo. E o novo relator ainda não teve tempo para estudá-la.

— Não me parece que isso torne o adiamento necessário. Nós, advogados, procuraremos falar da maneira mais simples e precisa, de modo que o novo relator, se tiver a bondade de nos ouvir, começará assim a se informar sobre as questões e, depois, achará muito mais fácil o estudo dos autos.

O presidente pôs-se a rir:

— Infelizmente, o novo relator não está em condições de ouvir os advogados: é completamente surdo.

Fiquei estarrecido. E ele, sorrindo, acrescentou:

— Sinto muito mesmo, mas é necessário dar tempo ao relator para ler os autos, e adiar os debates para daqui a quinze dias.

— Está bem, excelência. Mas daqui a quinze dias ele não continuará surdo?

— Claro. Mas quando daqui a quinze dias estiver informado da causa através da leitura do processo, poderá assistir aos debates com algum proveito, pois pelos gestos que os senhores farão e pelo movimento dos lábios poderá captar com certa aproximação, ajudando-se com a referência às defesas escritas, as argumentações orais dos senhores. E se não as entender, nós do colégio, que as teremos ouvido, as contaremos a ele em câmara de conselho.

Voltei pontualmente quinze dias depois e, no debate oral, procurei dar a entender por meio de gestos, ao relator que me fitava com olhos arregalados, a diferença entre prescrição e decadência. É um pouco difícil conseguir exprimir essa diferença com gestos e, na verdade, visto que a decisão, que saiu seis meses depois, me fez perder a causa, devo concluir que não consegui.

★ *Toda vez que debatera diante daquele tribunal notara a face severa daquele magistrado, que enquanto eu falava olhava continuamente para mim, fixo e impassível, sem que nunca um movimento ou um franzimento do rosto deixasse transparecer suas im-*

pressões. A mim, toscano, sucede algumas vezes, mesmo quando trato de graves questões de direito, deixar escapar alguma expressão chistosa; e vejo então, com prazer, passar pela face dos magistrados que me ouvem um esboço de sorriso, como um instante de distensão, pelo qual penso não me serem ingratos. Mas com este não era assim. Qualquer chiste caía no vazio; enquanto os outros riam, ele me fitava com aquela mesma expressão sisuda, que me deixava gelado. Ele se tornara para mim a imagem viva da austeridade da justiça, que não admite brincadeiras ou divagações.

Alguns anos depois, aquele magistrado, tendo chegado à idade-limite, pôs-se a exercer a profissão de advogado; assim, certa vez, aconteceu-me encontrá-lo como colega de defesa, às vésperas de um julgamento em que, devendo-se debater uma causa muito complexa, a tarefa devia ser necessariamente dividida entre os vários defensores.

Estávamos reunidos para estabelecer essa divisão de trabalho. Ele se manteve o tempo todo à parte, mas, quando por fim nos dirigimos a ele, disse-nos, com uma franqueza que todos admiramos:

— Desculpem. Caso se tratasse de escrever, eu assumiria de bom grado minha parte, mas quanto a falar não me sinto competente, porque, por um velho defeito de audição, a mais de um metro de distância não consigo ouvir o que diz o interlocutor.

Compreendi então por que ele nunca ria quando magistrado: juízes e advogados, na sessão, ficam a uma dezena de metros uns dos outros. Parecia austero, mas era surdo.

★ *Essa história requer um adendo, que me foi sugerido por um colega advogado que sabe muita coisa sobre os mistérios dos julgamentos, por ser filho de um velho magistrado aposentado.*

Eu estava lhe contando a história do juiz que nunca ria na sessão porque era surdo. Ele me interrompeu: — Cuidado, nunca se fie nesses sintomas. Também há surdos que sorriem na hora certa, porque espiam com o rabo dos olhos a cara do presidente e pautam-se por ela. Um remédio milagroso, que dá a audição aos surdos e a visão aos cegos: o conformismo.

★ *Saber ouvir as razões alheias é a primeira virtude do juiz. A audição é o sentido mais precioso e mais necessário (o sentido profissional, poder-se-ia dizer) de quem está destinado por sua profissão a ficar sentado e calado a vida inteira, ouvindo quem fala de pé.*

Por isso, no centro do processo está a audiência. Sem ouvido, não há audiência. Seria inútil anunciar que a audiência está aberta, se os ouvidos dos juízes permanecessem fechados. No entanto, infelizmente, acontece que os magistrados, quanto mais ganham em dignidade, mais perdem em apuro de audição. Assim, um deles me confessou:

— Nossa carreira (e nossa tragédia) está toda nisto: começamos auditores e terminamos surdos.

★ *Para entender o verdadeiro móvel de certas impaciências dos juízes em audiência e para justificar o modo brusco com que às vezes interrompem o defensor prolixo, é necessário não esquecer que eles também são feitos de carne e osso e que sua resistência tem um limite. Mas é preciso lembrar-se disso também para não entender mal algumas ex-*

cessivas complacências e inusitadas cortesias por parte deles.

Havia um velho presidente de tribunal que, entre os achaques da idade, tinha um bastante aborrecido, que o impedia de ficar sentado mais de meia hora. (O caso não é novo. Quando, entre os requisitos formais de validade da sentença, exigia-se que ela fosse pronunciada por um juiz sentado, porque o fato de estar sentado no trono era o símbolo do comando, surgia em torno dessa regra toda uma casuística de hipóteses excepcionais: se era ou não válida a sentença pronunciada por um juiz a cavalo, ou por um juiz assomado ao balcão de uma torre, ou mesmo por um juiz que algum incômodo impedisse de ficar sentado. E eram variadas, sobre esses árduos problemas, as opiniones doctorum.*)*

Dizíamos, pois, que havia um velho presidente de tribunal que, por essa sua necessidade de se levantar, era obrigado a suspender por alguns instantes a sessão, a cada meia hora. Quando um advogado ao falar ultrapassava vinte minutos, o presidente começava a se mexer em seu assento e a dar sinais de inquietação e de angústia; mas, ao mesmo tempo, seu rosto assumia um ar conciliador e de insinuante bonomia... Encarava o advogado como se este lhe agradasse muito, debruçava-se na direção dele e começava a lhe sorrir, a acompanhar com gestos benevolentes suas frases, a fazer-

lhe que sim com a cabeça. E, por fim, o interrompia, mas suavemente, para lhe dar razão:

— Sim, sim, advogado, entendi sua tese. Falou bem, muito bem, entendi perfeitamente. Sim, sim, advogado, não é preciso dizer mais nada...

E apoiava as mãos nos braços da poltrona, como que para se levantar, para dar-lhe a entender que estava convencido de suas razões.

Um advogado novato, a primeira vez que sustentou diante desse tribunal, saiu triunfante. E contava aos amigos seu triunfo:

— Enquanto eu falava, o presidente não fez outra coisa além de me sorrir e aprovar. Ficou extasiado. No fim da minha sustentação estava tão comovido que, por causa da emoção, suspendeu bruscamente a sessão e saiu... Percebi que mal continha as lágrimas.

XVI

DA ARQUITETURA E DO MOBILIÁRIO FORENSES

★ *O crucifixo não compromete a austeridade das salas dos tribunais; eu só gostaria que não fosse colocado, como está, atrás das costas dos juízes.*

Desse modo, só pode vê-lo o réu, que, fitando os juízes no rosto, gostaria de ter fé na sua justiça; mas, percebendo depois atrás deles, na parede do fundo, o símbolo doloroso do erro judiciário, é levado a crer que ele o convida a abandonar qualquer esperança — símbolo não de fé, mas de desespero. Dir-se-ia até que foi deixado ali, às costas dos juízes, de propósito para impedir que estes o vejam. Em vez disso, deveria ser colocado bem diante deles, bem visível na parede em frente, para que o considerassem com humildade enquanto julgam e nunca esquecessem que paira sobre eles o terrível perigo de condenar um inocente.

★ *O Tribunal de Cassação estava dividido, até pouco tempo atrás, em cinco turmas, três cíveis e duas penais. Cada turma tem sua sala própria. As das turmas penais são menores e mais recolhidas, de modo que, quando falam, os advogados quase podem tocar com o gesto os assentos dos juízes; as três turmas cíveis são muito mais vastas e majestosas, com o banco dos advogados a grande distância desses assentos.*

Nunca consegui compreender o porquê dessa diversidade; e o mistério se agravou para mim após um fato estranho que me ocorreu recentemente.

Para dar vazão aos recursos penais atrasados, foi criada há pouco tempo a terceira turma penal, que não tendo sala própria deve pedir hospedagem cada vez a uma das outras turmas, cíveis ou penais, que naquele dia não têm sessão. Uma manhã aconteceu que essa terceira turma penal foi hospedada na sala da segunda turma cível, na qual tantas vezes debati no banco dos advogados, com a convicção de que os juízes, enquanto eu falava, estivessem me ouvindo.

Mas desta vez, quando comecei a falar diante da terceira turma penal, percebi que aqueles magistrados, apesar de estarem sentados nas mesmas poltronas em que tantas vezes os ministros cíveis tinham dado mostras de me ouvir, davam claros sinais, mexendo-se e levando a mão ao ouvido, de não ouvir nada do que eu dizia com meu tom de voz costumeiro. Então o presidente convidou-me duas ou três vezes a falar mais alto e acabou me dizendo:

— Advogado, por favor, saia do banco e aproxime-se. Nesta sala, aqui de cima, não se ouve absolutamente nada do que o senhor diz.

Aproximei-me e, convidado a acercar-me ainda mais, cheguei, de passo em passo, a falar bem debaixo do nariz do presidente, enquanto os ministros, que se haviam levantado das suas poltronas, agrupavam-se em torno dele para ouvir o que eu dizia.

Saí daquela audiência penal tomado por dúvidas torturantes. Por que, todas as vezes em que debati naquela mesma sala um recurso cível, nenhum presidente me pediu para falar mais alto? As explicações são duas: ou se considera que os magistrados cíveis têm, por sua natureza, um ouvido muito mais apurado do que os penais; ou se considera que, nos recursos cíveis, a discussão tem o valor de uma cerimônia simbólica, que os advogados podem, sem prejuízo para a justiça, celebrar entre si ao longe.

Aceitando-se essa segunda hipótese, é preciso dizer que essa sala, na qual os magistrados têm a felicidade de não ouvir uma só palavra dos advogados que se esgoelam lá embaixo, deve ser considerada, para as sessões cíveis, um modelo de acústica perfeita.

★ *O ideal de um palácio da justiça seria ainda o do bom tempo antigo: um carvalho e, à sombra dele, o juiz que ouve as razões dos que serão julgados; em volta, o povo que assiste em círculo, sem biombos e sem barreiras divisórias. Justiça ao ar livre, à luz do sol, sem portas fechadas e sem corredores secretos.*

Gostaria de pedir ao Ministro da Justiça que promovesse um concurso entre todos os arquitetos da Itália para um palácio da justiça em que não existissem nem ante-salas nem corredores — se conseguissem construí-lo, todos os problemas judiciários estariam resolvidos.

Manifestei essa idéia a um amigo magistrado. Ele me disse: — Mas sem ante-salas e corredores, onde tantos advogados conhecidos nossos passariam o dia?

A verdade é que nas salas dos tribunais, tal como são hoje construídas e mobiliadas (falo especialmente das que são destinadas às sessões cíveis), tudo parece ter sido estudado com o maior cuidado para tirar do advogado a vontade de falar, para induzi-lo, à força de desagradá-lo, a renunciar antecipadamente à palavra, ou, se ele ainda se obstinar em querer falar, para induzi-lo a desistir o mais cedo que puder.

Não há mais, como nos tempos antigos, a clepsidra que mede o tempo dos oradores, nem sempre se encontram presidentes enérgicos que interrompam os oradores para pedir-lhes brevidade; mas os mecanismos contra a facúndia, como válvulas de segurança predispostas por ódio aos advogados loquazes, são habilmente dissimulados nas paredes e nas mobílias da sala. O público não percebe; mas o advogado, mal começa a falar, adverte sua presença secreta.

O sistema mais usado é o das salas grandes demais. A pretexto de fazê-las parecer mais majestosas e augustas, o verdadeiro objetivo da sua amplitude é afastar algumas dezenas de metros o banco dos advogados do escano dos magistrados, de modo que o defensor, na impossibilidade de ver de perto se os juízes estão atentos ao que diz, tenha a impressão de falar para o vazio e, desencorajado, acabe sentando.

Mais refinado é o sistema das luzes ofuscantes. Notei em vários tribunais da Itália que, de ordinário, a sala da sessão está disposta de modo que as janelas se encontrem na parede diante do banco dos defensores, os quais têm o sol nos olhos, enquanto os juízes estão à sombra, no espaço intermediário entre as duas janelas, dando as costas para a luz. O incômodo desse ofuscamento é um poderoso estímulo à brevidade. Certas polícias adotam o suplício da luz ofuscante para fazer falar quem gostaria de ficar calado; nas salas dos tribunais o mesmo suplício é empregado para fazer ficar calado quem gostaria de falar. As janelas em face têm, para o orador, o mesmo efeito que produz à noite o súbito golpe luminoso dos faróis ofuscantes: desorientam e forçam o pedestre a refugiar-se na calçada.

(Mas suspeito de que essa disposição das janelas tenha sido estudada, mais que por ódio aos advogados, para a comodidade dos juízes. Nos teatros, em certos entreatos, acendem-se os refletores contra o público, para impedir que perceba a mudança dos cenários; com o mesmo sistema, muito melhor do que com os óculos escuros, os juízes impedem que os advogados percebam os vários estados da sua fisionomia.)

Todavia, o tormento mais feroz é o da sede: na metade da sustentação, o advogado é pego pela garganta e ameaçado de sufocação, se não se calar.

Um parlamentar amigo meu, não advogado, que nunca assistira a uma sessão cível, entrou certa vez acompanhado por mim na grande sala das turmas conjuntas da cassação, e, depois de ter longamente observado todos os detalhes, perguntou-me:

— Como é que, no banco dos advogados, não há sombra da tradicional garrafa d'água? Na Câmara, mal um orador se levanta para falar, um bedel muito prestativo põe ao seu lado uma garrafa d'água, com o copo já cheio, e o açucareiro. As gargantas dos advogados serão mais resistentes à sede que as dos parlamentares?

— A razão da diferença é outra; já está clara na diferença das palavras. O Parlamento é feito para se falar, e é natural que tudo esteja disposto para a comodidade dos que usam a palavra; a audiência é feita para se ouvir, e é igualmente natural que tudo esteja disposto para menor fadiga de quem ouve. Na audiência, a garrafa d'água no banco do advogado seria considerada pelos juízes uma perigosa incitação ao prolongamento do discurso, ao passo que na garganta seca eles vêem uma garantia segura de brevidade.

Manter as goelas secas é uma regra preciosa da política da audiência. Mesmo sendo seu melhor amigo, o juiz, quando você fala diante dele em audiência, vê com alegria você abrir o bico de sede, e por fim render-se, na vã invocação de um gole d'água.

Depois, terminada a audiência, se ele o encontra num café, quer a todo custo oferecer-lhe um trago e se ofende se você não esvaziar de uma só vez o copo que oferece.

Disse o filósofo ao tirano: — Bate, mas escuta.

Diz o juiz ao advogado: — Bebe, mas cala-te.

★ *Dizem que o auditório faz o orador; eu diria que o orador é feito pela arquitetura.*

Quanto maior a distância entre quem fala e o público que ouve, mais o orador tende a erguer a voz e alargar os gestos. Colocado diante de uma grande praça, o orador mais comedido torna-se um pregador ou um charlatão. Numa grande sala em que a voz ressoa, o orador se apaixona pela sua e corre o risco de se tornar cantor.

A distância influi não apenas sobre a voz e sobre os gestos, mas também sobre a substância do discurso. Não ver bem o interlocutor face a face e não poder espreitar em sua fisionomia as impressões que as palavras suscitam, leva o orador às divagações genéricas, às vagas declamações. Nas salas judiciárias demasiado grandes, em que o advogado não pode olhar os juízes nos olhos, não é culpa sua se repete falatórios inúteis, não percebendo que eles estão adormecidos. Na Inglaterra, onde as salas dos tribunais parecem oratórios, os advogados falam em voz baixa, bem debaixo do nariz do juiz que está no púlpito, como numa confissão; ao contrário, certas salas teatrais, como as das turmas conjuntas da nossa cassação, sugerem aos orgulhosos defensores acentos melodramáticos, e todo aquele peso de motivos ornamentais nas paredes parece uma instigação a garatujas retóricas de péssimo gosto.

Os arquitetos deveriam estudar, para a justiça, um tipo de salas luminosas e tranqüilas, decorosas mas não ornadas, em que a distância entre o banco dos advogados e os escanos dos juízes não fosse além de dois metros e a luz viesse de cima, sempre a mesma — melhor ainda se advogados e juízes ficassem no mesmo plano, sentados dos dois lados opostos de uma única mesa. Daí resultaria uma oratória honesta e concisa, simples e retilínea como o edifício.

A racionalidade do desenho arquitetônico também aconselha, no falar, a clareza do estilo e a modéstia, que é o contrário da ênfase. Em certas salas faustosas, nas quais o advogado que discute aluguéis e promissórias tem diante dos olhos afrescos e estátuas que evocam os jurisconsultos e os imperadores da Roma antiga, como pode ele escapar à sugestão de se acreditar, se não um Cícero, pelo menos um Papiniano?

★ Nas escolas de arquitetura, acontece ser dado como tema de exercício prático o estudo de um projeto de hospital, de uma escola ou de um ginásio; mas nunca ouvi dizer que tenha sido proposto o projeto de um palácio de justiça. Antes de começar uma construção, os técnicos calculam como devem ser dispostas as curvas das paredes e as luzes, de maneira a serem "funcionais", ou seja, adequadas àquilo a que se destina o edifício. Nenhum arquiteto se arriscaria a construir um teatro sem antes estudar os problemas da acústica ou da visibilidade; mas não creio que algum estudo semelhante jamais tenha sido feito seriamente antes de se construir uma sala de tribunal.

Nas salas feitas para ouvir, o maior cuidado do construtor é encontrar soluções que satisfaçam à expectativa dos ouvintes. Isso vale para as salas de concerto, que, em certas cidades, têm precisamente o nome de "auditório"; não se compreende por que o mesmo não vale para as salas de tribunal, comumente chamadas salas de "audiência".

Audiência: lugar feito (dir-se-ia) para que os juízes possam ouvir o que dizem os advogados. Mas, a crer na arquitetura tradicional das salas judiciárias, suspeita-se de que foram estudadas antes para permitir que os juízes assumam com dignidade a atitude severa de quem finge escutar sem ter o incômodo de ouvir.

Em certas salas solenes, o banco do qual o advogado fala está a alguns metros de distância dos assentos dos juízes, que aparecem lá em cima como se fossem vistos através de uma luneta invertida. A sala é surda, e como, não raro, juízes e advogados vão ficando surdos quanto mais aumenta, com a idade, o grau hierárquico, não se pode dizer que esta chamada audiência seja a maneira mais feliz de se ouvirem. Um advogado maledicente propunha, certa feita, que se escrevesse acima dos juízes, em toda sala de audiência, o mote que está esculpido numa fachada quatrocentista de Florença: "para não dormir". Creio que seria mais sincero escrever: "para não ouvir".

★ Àquele arquiteto que ao construir o Palácio da Justiça de Roma tanto esbanjou corredores e esca-

darias, ninguém explicou que no sistema judiciário italiano os juízes, no fim do debate, devem retirar-se da sala para deliberar em segredo; portanto, não é culpa dele ter-se esquecido de construir, atrás do inútil fausto daquelas salas demasiado vastas, câmaras de conselho tranqüilas e isoladas, onde o colégio possa reunir-se para deliberar comodamente.

Para remediar o esquecimento, não se achou nada melhor que utilizar como câmara de conselho a própria sala de audiência: terminado o debate, o público é convidado a sair, a porta é fechada e os juízes, ainda sentados em suas cadeiras, começam a deliberar.

Se o profano procurar imaginar o segredo da câmara de conselho, pensará naturalmente, como um símbolo, numa mesa redonda, em torno da qual estejam sentados em círculo os componentes do colégio; no meio da mesa estão os autos das causas; sucessivamente, o relator de cada causa ilustra os documentos mais importantes, expõe suas dúvidas, fornece os esclarecimentos pedidos com palavras simples e humanas. O rito teatral acabou; chegou finalmente o momento em que os juízes, de imagens hieráticas pintadas no fundo do templo, voltam a ser pessoas vivas, artífices ativos da justiça. Parece-me vê-los agora, despida a toga, discutir animadamente, de homem para homem, com os cotovelos apoiados naquela mesa, em torno da qual todo o colégio se concentra no terrível momento em que se decide a sorte de outros homens.

Mas não: a mesa redonda, símbolo dessa concentração colegiada, não existe. Há apenas um semicírculo de cadeiras, em que os magistrados conservam as mesmas atitudes e a mesma posição que tinham meia hora antes, quando ouviam impassíveis as sustentações dos advogados: seus rostos ainda olham para a grande sala, agora vazia, desalentadora e infinita, como um teatro depois do fim do espetáculo. Em certas majestosas salas do Tribunal de Cassação, a abertura do semicírculo é tão ampla que, entre os dois ministros sentados nas duas extremidades, há uma distância que pode superar dez metros. Se quisessem se ouvir, teriam de berrar; se quisessem se olhar, correriam o risco de pegar um torcicolo — tudo conjura para tirar desses magistrados já velhos, que devido à idade podem já não ter olhos e ouvidos com perfeita eficiência, a vontade de dar-se ao trabalho de se consultarem e de se entenderem através do abismo.

Assim, a câmara de conselho, que deveria ser um encontro dialogado de pessoas desejosas de se ajudarem na busca da justiça, torna-se, também ela, escrava do cerimonial, uma sucessão de solitários monólogos. Cada juiz é levado por “dis-

funcionalidade" da arquitetura a fechar-se em si mesmo e, portanto, a aprovar sem discutir o que o relator ou o presidente propõe. Até mesmo no segredo da câmara de conselho, a insensata arquitetura conseguiu criar o distanciamento e o isolamento: em lugar da concentração em torno da mesa, a concentração no vazio.

⋆ *Quando vejo com que desperdício de inúteis corredores e de pesados entulhos decorativos e com que ignorância das mais indispensáveis exigências da técnica judiciária o construtor do Palácio da Justiça de Roma se esqueceu de construir, contígua a cada sala, uma câmara de conselho separada, vem-me à mente comparar essa faustosa imprevidência com a modesta sabedoria daquele velho pretor, que sofrendo de paralisia nas pernas realizava as audiências em seu quarto, sentado na cama; e, quando os advogados terminavam de expor suas razões, sabedor da necessidade que todo juiz tem de se recolher em solidão antes de julgar, anunciava gravemente:*

— O pretor se retira para deliberar!

E enfiava a cabeça debaixo dos lençóis.

★ *Ouvi dizer que alguém, para remediar a acústica defeituosa de certas salas de tribunal demasiado grandes, teria proposto dotar o banco dos advogados de microfones, como se usam no Parlamento, de modo que sua voz, ressoando nos alto-falantes, conseguisse sacudir os surdos e despertar os dorminhocos.*

Sinto um calafrio de horror ante a idéia de introduzir nos debates judiciários, em que a oratória deveria ser um animado diálogo, essa aviltante deturpação ortopédica da palavra viva, que é o alto-falante, engenhoca esterilizante, feita para tirar da palavra todo e qualquer traço de comunicação humana.

Vi com meus próprios olhos a que degradante jogo mímico a oratória parlamentar foi reduzida pelos alto-falantes. O deputado que quer falar deve sair da sua cadeira e tomar lugar diante de uma tribuna em que está fixado, à altura da boca, o bocal do microfone; e ali, sem se preocupar com o auditório, atento a não se mover para não sair da zona sonora, procura cuspir seu discurso exatamente na abertura do transmissor, como se faz nos consultó-

rios dos dentistas. Mas sua voz, despejada naquele funil (parecido com o que a bem provida aeromoça oferece no avião a quem sofre de enjôo), vai sair decuplicada por um alto-falante colocado no alto, bem abaixo das tribunas, distante talvez cinqüenta metros do orador que fala. De modo que quem ouve seu discurso, e ouve aquele vozeirão estrídulo descer lá de cima, não consegue mais associá-lo ao homenzinho que gesticula por conta própria lá embaixo, e tem a impressão de que ele é um títere mudo, condenado a acompanhar com gestos comandados uma voz que não é sua, mas pertencente ao invisível titereiro, que move os fios lá de cima.

Se também nos tribunais forem introduzidos os alto-falantes, também os advogados serão reduzidos a isso, e toda e qualquer ilusão de colóquio pessoal e espontâneo entre juízes e defensores será para sempre destruída pela impiedosa mecânica.

Nesse caso, só faltará introduzir nas audiências também aquele aparelho magnético que serve para gravar os discursos em fita e não perturbar os magistrados com a obrigação de assistir às audiências — bastará pintar suas imagens em tamanho natural, como símbolos, no fundo da sala. Os advogados, dirigindo-se a elas, derramarão seu discurso no aparelho gravador e, no fim, o escrivão retirará a fita gravada e fará com ela um novelo carimbado e registrado, que colocará em seu devido lugar nos autos.

Não se ouvirá mais o advogado lamentar-se de que o presidente, com suas interrupções, o fez perder o fio do discurso: o fio não se perderá nunca, porque estará agora juntado aos autos e conservado, em forma de fita, no cartório do tribunal. E, se os magistrados tiverem o capricho de ouvir sua reprodução em câmara de conselho, poderão limitar-se a escutar alguns metros, desligando depois o aparelho no meio da gravação, sem prejuízo para ninguém.

★ *Certa vez, em Florença, um juiz do tribunal de Nova York veio fazer uma conferência sobre um tema de direito americano. Era o começo do verão. A sala, no primeiro andar, parecia um forno, e o conferencista, ao subir arquejando as escadarias, demonstrava sofrer com o calor.*

Depois da conferência, assistida por um público de advogados e magistrados, ouvi por acaso um diálogo amistoso entre o juiz americano e um seu colega italiano.

Perguntava o juiz americano:

— Vocês têm ar-condicionado em suas salas de audiência?

— Não temos ar-condicionado.

— Têm elevador?
— Não temos elevador.
— Têm secretário particular?
— Não temos secretário particular.
— Mas têm uma estenodatilógrafa?
— Não temos estenodatilógrafa.
— Então, um ditafone?
— Nenhum ditafone.
— Pelo menos uma máquina de escrever?
— Nada de máquina de escrever.
— E como é, então, que fazem justiça?

Aqui o interlocutor italiano não lhe disse que muitos juízes italianos não têm nem sequer uma sala para si, nem um escrivão disponível, às vezes nem mesmo uma mesinha. Mas respondeu-lhe com serena naturalidade:

— Tenho meu escritório no último andar de um velho edifício, que outrora foi um convento. Todas as manhãs, subo cento e dois degraus. É uma ginástica que serve para elevar o espírito até os céus da justiça. Lá em cima, no verão, encontro refrigério em nossa fria lógica; no inverno, aqueço-me ao fervor da nossa consciência. E as sentenças, em nosso país, são escritas com pena de ganso — é uma canseira, mas Bartolo também fazia assim.

(Gostaria de o ter abraçado.)

XVII

DE CERTAS TRISTEZAS E HEROÍSMOS DA VIDA DOS JUÍZES

Na República de Platão, médicos e juízes são igualados numa mesma desconfiança, como sintomas reveladores das doenças, físicas e morais, de que padecem os cidadãos.

Essa afinidade psicológica entre as duas profissões não é hoje menos evidente, sobretudo por aquele sentimento de viril tristeza que a experiência do mal alheio, físico ou moral, induz em quem o estuda e o mitiga diariamente. Os juízes também, como os médicos, só vêem em torno de si estropiados e leprosos; os juízes também, como os médicos, respiram a vida inteira o ar viciado dos corredores, naqueles cinzentos hospitais de todas as corrupções humanas que são os tribunais.

Sei de um químico que, quando em seu laboratório destilava venenos, acordava sobressaltado à noite, lembrando com terror que um miligrama da-

quela substância bastava para matar um homem. Como pode dormir seus sonos tranqüilos o juiz, que sabe ter em seu alambique secreto aquele tóxico sutil que se chama injustiça, de que uma gota, escapada por erro, pode bastar não apenas para tirar a vida, mas, o que é mais terrível, para dar a toda uma vida um tormentoso sabor amargo, que nenhuma doçura nunca mais poderá consolar?

O bom juiz põe o mesmo escrúpulo no julgamento de todas as causas, mesmo as mais humildes. Ele sabe que não existem grandes causas e pequenas causas, porque a injustiça não é como aqueles venenos acerca dos quais certa medicina afirma que tomados em grandes doses matam, mas tomados em pequenas doses curam. A injustiça envenena até mesmo em doses homeopáticas.

Do mesmo modo que, para se distraírem com acontecimentos excepcionais da insípida normalidade da vida cotidiana, os bons burgueses gostam de encontrar, nos livros policiais ou nas salas de cinema, dramas judiciários carregados, também o juiz, para encontrar no teatro espetáculos fora do comum capazes de distraí-lo da sua realidade cotidiana, gostaria de ver representados, em cenários róseos e azuis, cônjuges que se amam, irmãos que dividem a herança sem rancores, comerciantes que não vão à falência e proprietários de terras limítrofes que, sentados na divisa comum, exprimem um ao outro, comovidos até as lágrimas, a alegria recíproca de se sentirem bons vizinhos.

Até mesmo aquela hora de distensão do espírito que o homem cansado pode encontrar à sua mesa, se ao redor dela sentam amáveis conversadores, é vedada ao juiz: um artigo do código, que o ameaça de impedimento se ele for "comensal habitual" de um réu, aconselha-o a fazer suas refeições em ascética solidão.

O recém-formado também deve saber disso quando, no momento de abraçar a carreira jurídica, interroga seu coração para estar seguro da vocação. Deve saber que durante seu noviciado, naquele burgo de província em que talvez ainda solteiro será designado para presidir a Pretura, sua mesa, no único restaurante do lugarejo, deverá ser afastada e silenciosa. A única comensal admitida deverá ser, invisível mas presente, sua independência.

Em certas cidades da Holanda, vivem em obscuras lojinhas os lapidadores de pedras preciosas, que trabalham o dia inteiro pesando em pequenas balanças de precisão gemas tão raras, que bastaria uma só para tirá-los para sempre da miséria. E todas as noites, depois de as devolverem, fúlgidas à força de polimento, a quem as espera ansiosamente, dispõem serenos sua ceia frugal naquela mesma mesa em que pesaram os tesouros alheios, e partem sem inveja, com aquelas mãos que fizeram brilhar os diamantes dos ricos, o pão da sua honesta pobreza.

O juiz também vive assim.

Não conheço outro ofício que exija, de quem o exerce, mais que o do juiz, um forte senso de viril dignidade, aquele senso que impõe buscar na sua consciência, mais que nas ordens alheias, a justificação do seu modo de agir, e de rosto descoberto assumir plenamente a responsabilidade por ele.

A independência dos juízes, isto é, aquele princípio institucional pelo qual, no momento em que julgam, eles devem sentir-se desvinculados de toda e qualquer subordinação hierárquica, é um duro privilégio que impõe a quem o desfruta a coragem de ficar a sós consigo mesmo, frente a frente, sem se esconder atrás do cômodo biombo da ordem do superior.

Por isso, o caráter colegiado, que se costuma considerar como garantia de justiça para os réus, talvez tenha sido concebido, antes de mais nada, para conforto dos juízes, para lhes dar um pouco de companhia na solidão da sua independência.

Nas discussões que vez por outra se reavivam entre partidários do colégio e partidários do juiz único, ouvi um defensor do sistema colegiado fazer o seguinte raciocínio:

— Posso até admitir que os magistrados sejam favoráveis ao sistema do juiz único, porque ele estimula seu amor-próprio e livra-os de todas as perdas de tempo das câmaras de conselho; mas não posso admitir que sejam favoráveis a isso os advogados, que conhecem bem demais os perigos da impressão subjetiva não temperada pelo controle da deliberação colegiada.

Creio que esse raciocínio poderia ser mais razoavelmente invertido da seguinte maneira:

— Posso até admitir que os advogados sejam favoráveis ao sistema do juiz único, porque o patrono experiente sabe que, quando seu cliente tem razão, é mais fácil persuadir com bons modos um só juiz do que três; mas não posso admitir que a ele sejam favoráveis os juízes, pelo menos os que ainda têm a consciência bastante ativa para sentir o quanto é terrível estar sozinho na angústia de julgar.

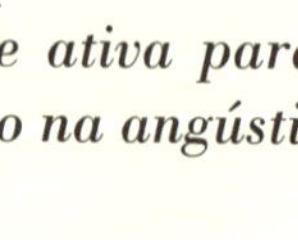

Mais que os advogados, os juízes deveriam agradecer ao processo seus complicados expedientes, que parecem feitos menos para retardar seu trabalho (como se diz com freqüência) do que para manter em paz sua consciência.

O temor de haver pronunciado uma sentença injusta poderia ser tão inquietante para um juiz consciencioso, que o impedisse de dormir à noite. Mas ele sabe que existe a apelação, e o reconfortante pensamento de que seu erro não é irremediável ajuda-o docemente a pegar no sono.

O juiz que no momento da decisão não conseguiu formar uma opinião segura, livra-se daquela tortura convidando uma das partes ao juramento. Assim, mesmo que isso não possa impedir que ela jure em falso, o juiz sente que, decidindo em conformidade com o juramento, sua consciência está tranqüila, porque o débito pela possível injustiça é transferido para a conta do perjuro.

Sinto um ligeiro mal-estar quando encontro em audiência, pedindo adiamento com a pasta de couro debaixo do braço, algum magistrado aposentado *que, tendo atingido o limite de idade, pôs-se a advogar. Sim, nós sabemos: advocacia e magistratura estão moralmente no mesmo nível e trocar a toga pela beca não é rebaixar-se. Mas até ontem nós os víamos austeros e solenes em seu escano, prontos para criticar nossas rixas advocatícias, e ouvíamos dizer que eles eram melhores que nós porque haviam alcançado, exercendo a imparcialidade a vida inteira, aquela serena tranqüilidade de espírito que permite aos velhos avaliar e compadecer-se do alto, como misérias que não os alcançam, as paixões e a cupidez da turbulenta juventude. Dá pena tornar a vê-los agora, em meio a nós, agitados e acres nas nossas mesmas escaramuças, e ouvir sua voz, já tornada um tanto trêmula pelos anos, assumir tons de retórica indignação por conta dos clientes.*

Nenhum espetáculo é mais melancólico do que o oferecido por certas pessoas idosas, quando inconscientemente se aventuram em intemperanças juvenis, que requereriam, para não parecerem bisonhas, a despreocupada agilidade dos vinte anos. Mas também para certas destrezas forenses, para certas turbulências de audiência, é necessária a desenvoltura da idade. Nunca senti tanto a mortificante tristeza de certos expedientes advocatícios como quando os vi postos em prática por esses velhos principiantes, que com ingênua inabilidade tentam, no ocaso da sua nobre vida, aprender a ser partidários.

O verdadeiro "drama do juiz" não é o que volta e meia reaparece com esse título no romance ou no teatro e que se desenrola quase sempre como uma luta enfática entre os deveres do ofício e as paixões do homem — como o caso em que o representante do Ministério Público é levado, sem saber, a acusar o próprio filho, ou aquele, ainda mais extravagante, em que o magistrado instrutor descobre que o crime que investiga foi cometido por ele mesmo, em estado de sonambulismo. Menos romanesca e mais modesta é a melancolia que alimenta o drama cotidiano do juiz.

O drama do juiz é a solidão, porque ele, que para julgar deve estar livre de afetos humanos e situado um degrau acima de seus semelhantes, raramente encontra a doce amizade que requer espíritos no mesmo nível e, quando a vê aproximar-se, tem o dever de esquivá-la com desconfiança, antes de ter de perceber que era movida apenas pela esperança de seus favores ou de ouvir recriminarem-na como traição à sua imparcialidade.

O drama do juiz é a contemplação cotidiana das tristezas humanas, que preenchem todo o seu mundo, onde não encontram lugar os rostos amáveis e repousantes dos afortunados que vivem em paz, mas apenas os rostos dos sofridos, conturbados pelo rancor do litígio ou pelo aviltamento da culpa.

Mas, acima de tudo, o drama do juiz é a rotina, que, insidiosa como uma doença, o desgasta e o desencoraja até fazê-lo sentir sem revolta que decidir da honra e da vida dos homens tornou-se para ele uma prática administrativa ordinária.

O juiz que se acostuma a administrar justiça é como o sacerdote que se acostuma a dizer missa. Feliz o velho pároco do interior que até o último dia experimenta, ao se aproximar do altar com o vacilante passo senil, aquela sagrada perturbação que o acompanhou, padre novato, em sua primeira missa; feliz o magistrado que, até o dia que precede a aposentadoria compulsória, experimenta, ao julgar, aquele sentimento quase religioso de consternação que o fez estremecer cinqüenta anos antes, quando, nomeado pretor, teve de pronunciar sua primeira sentença.

Um velho magistrado, sentindo-se morrer, pregava serenamente em seu leito:

— Senhor, gostaria ao morrer de estar seguro de que todos os homens por mim condenados morreram antes de mim. Porque não posso pensar em deixar nas prisões deste mundo, sofrendo penas humanas, aqueles que nelas foram encerrados por ordem minha. Gostaria, Senhor, quando me apresentar a teu juízo, de encontrá-los em espírito à tua porta, para me dizerem que sabem que os julguei segundo a justiça, segundo aquilo que os homens chamam de justiça; e, se com algum deles fui injusto sem percebe a este mais que os outros gostaria de encontrar lá a meu lado, para lhe pedir perdão e para dizer-lhe que, ao julgar, nunca me esqueci de que eu era uma pobre criatura humana, escrava do erro; que, ao condenar, nunca pude reprimir a perturbação da consciência, tremendo diante de um ofício que, em última instância, só pode ser teu, Senhor.

* Os magistrados aposentados, que se põem a exercer a advocacia depois dos setenta, dão prova de um espírito de imitação que, pela sua segura capa-

cidade de escolher o pior, muito se assemelha ao dos rapazes, os quais, como é notório, dentre tudo o que fazem e dizem os grandes, sabem escolher e repetir acuradamente apenas os gestos inconvenientes e os palavrões.

Assim fazem os ex-magistrados quando se põem, já velhos, a imitar os gestos e as entonações dos advogados. Durante quarenta anos estiveram face a face com os defensores e puderam aquilatar seus costumes, no bom e no mau, seus vícios e suas virtudes. Mas das virtudes não se deram conta, ou se esqueceram; lembram-se apenas dos vícios e os imitam: a velhacaria, a indiscrição, a intromissão, a prepotência, a verbosidade, todas elas agravadas por certa presunção de autoridade, que o ex-magistrado já não tem mas que ostenta como se ainda tivesse. Imitatio in peius: *aquele presidente que até ontem rangia os dentes se o defensor à sua frente ousava falar mais de dez minutos, hoje, que é advogado, fala duas horas sem se cansar, e se indigna se os outros bocejam.*

Há porém uma desculpa. Durante quarenta anos teve de saber ficar calado, pregado em seu assento, escutando (ou fingindo escutar) os discursos alheios — quarenta anos de resignado silêncio, pesados como uma pedra tumular. Mas agora, finalmente, chegou a hora da vingança! Com um estrépito de eloqüência, a pedra vai pelos ares: agora sou eu quem fala, aprendam os outros a calar!

Quem disse que "pelo longo silêncio parecia apagado"? Se Dante tivesse ouvido com que voz se põe a falar um ex-magistrado depois de quarenta anos de silêncio talvez não tivesse escrito assim.

★ Entre as mais gratas lembranças da minha longa experiência forense está a de um presidente de tribunal, já desaparecido, que depois de quarenta anos de permanência contínua na função judicante confessava-me ainda experimentar, quando ia julgar, aquela sensação de ansiedade e de comoção com que, recém-admitido à magistratura, se preparou para pronunciar a primeira sentença. Quarenta anos de experiência judiciária lhe haviam confirmado que justiça não quer dizer insensibilidade, que o juiz, para ser justo, nem por isso deve ser impiedoso. Justiça quer dizer compreensão, mas o caminho mais direto para compreender os homens é aproximar-se deles com o sentimento.

Certa vez, esse magistrado presidia um debate penal num tribunal de apelação. Era o caso de uma doméstica, acusada pela patroa de ter roubado um talher de prata. O tribunal a absolvera por não ter *cometido o fato, mas o Ministério Público apelara. E agora, no debate do apelo, o Ministério Público em seu requisitório investia violentamente contra a acusada, que prostrada no banco dos réus chorava silenciosamente. De repente, enquanto o acusador continuava nas suas invectivas, viu-se o presidente chamar o bedel e dizer-lhe alguma coisa em voz baixa; então o bedel, quase levando uma embaixada, aproximou-se da acusada e soprou-lhe alguma coisa no ouvido; ela enxugou os olhos e parou de chorar.*

O público que assistia à sessão viu a cena, mas não entendeu seu significado. Quando o debate terminou e o tribunal se retirou para deliberar em câmara de conselho, um espectador se acercou do bedel e perguntou o que o presidente lhe dissera. O bedel respondeu: — Disse-me: vá dizer àquela senhora que pare de chorar, porque vamos absolvê-la.

Esse magistrado violou o segredo da câmara de conselho, mas soube respeitar as leis da humanidade. Porque a humanidade ordena não prolongar, por farisaica obediência às formas cruéis, a dor do inocente.

★ Sei de um juiz valorosíssimo, reputado por sua doutrina e por sua diligência, mas também conhecido por sua inexorável severidade; um desses juízes (que os penalistas chamam de "negros") que consideram a inocência como uma falta de respeito para com a magistratura, e como uma ofensa pessoal as "lagrimazinhas" com que o réu ou a ré procuram enternecê-lo.

Mas desde quando seu filho, acometido por uma grave doença, foi internado num sanatório, os advogados não o reconhecem mais: parece outro homem. Percebeu que no mundo também existe o pranto, e foi levado a se perguntar se, enquanto existir a dor, poderá haver entre os homens justiça sem piedade.

★ O pretor que reside há mais de dez anos num lugarejo do interior tem fama de justo e incorruptível. Todos confiam nele, especialmente as pessoas pobres, porque sabem que ao fazer justiça nunca olhou o rosto de ninguém.

Mas no lugarejo há um inimigo que o vigia: um ex-dirigente fascista, proprietário de terras, que *certa vez, numa causa em que tentava cometer uma prepotência contra um camponês, pensou se safar mandando à casa do pretor um garrafão de azeite e viu-o voltar, acompanhado da sentença contrária (e por pouco não foi parar na prisão).*

Passaram-se muitos anos, mas o ex-dirigente fascista, que entrementes continuou a enriquecer no mercado negro, não tem pressa, espera na curva do caminho. E quando nestes dias de fome encontra pela rua o pretor cada vez mais pálido, com seus três meninos cada vez mais fracos, lampeja-lhe na carantonha rubicunda um sorriso malicioso.

Faz dois dias, no café do lugarejo, o ex-dirigente surpreendeu por acaso o discurso confidencial de um amigo do pretor: — O pobre coitado desabafou comigo hoje, com lágrimas nos olhos. Disse-me: até agora resisti, mas amanhã como vou fazer? Já me acostumei à fome, mas aqueles três garotos não se conformam. Especialmente o maior, que se não se alimentar melhor, segundo o médico, poderá acabar mal...

O fascista piscou o olho e hoje voltou triunfante ao café:

— Uma boa notícia: fiz as pazes com o pretor. Mandei um saco de farinha à sua casa e não o vi voltar...

Esfrega as mãos: — Finalmente também haverá um pouco de justiça para nós!

Entre os heroísmos dos juízes, os mais sobre-humanos são aqueles, silenciosos e ignorados, que consistem em não guardar rancor ao poderoso que os insultou, em conseguir ser justo, de acordo com a sua consciência, inclusive diante de quem acredita que os juízes não têm consciência e que com o dinheiro se pode comprar tudo, inclusive a justiça.

Conheci, naqueles anos imediatamente posteriores à guerra, em que o estipêndio que os magistrados recebiam não bastava para saciar a fome de seus filhos, um juiz de instrução que, em seu íntimo (não me confessou, mas imaginei-o), raciocinava assim:

"Meu filho está definhando. O médico diz que ele não está comendo o suficiente, que deveria comer mais. Todas as manhãs, antes de ir ao tribunal, vou fazer compras; basta encontrar para ele um pedacinho de carne, pois eu e minha mulher nos contentamos com um pouco de verdura.

"Depois vou para o escritório e ponho-me a estudar o processo de um jovem muito rico, que certa noite, dirigindo bêbado e em alta velocidade seu car-

ro de luxo, atropelou e matou um operário que voltava do trabalho de bicicleta.

"Enquanto estou imerso na leitura dos autos, o bedel me anuncia a visita de um senhor que precisa me falar com urgência: é o comendador Fulano de Tal, que tem o mesmo sobrenome do atropelador.

"De fato, ele se apresenta como seu pai; é um grande empresário, um capitão da indústria, homem desenvolto e autoritário.

"Diz ele:

"— Senhor juiz, não me agrada que meu filho seja levado a um tribunal. Esse processo deve se encerrar na instrução.

"— Meu senhor, ouviremos as testemunhas e os peritos; a justiça seguirá seu rumo.

"O outro replica, olhando-me atrevidamente nos olhos:

"— Por favor, senhor juiz, nada de discursos difíceis. Sou um homem de negócios, sei como esses casos se acertam e não me assusto com a cifra.

"Levanto-me, contendo-me para não o esbofetear. Aponto-lhe a porta e chamo o bedel para que o ponha para fora.

"Depois, quando me acalmo (preciso de um quarto de hora para isso), ponho-me de novo a estudar os autos. E continuo a fazer o que posso para reconstruir os fatos de acordo com a verdade; sem rancor e sem esperança, sem pensar na

fome do meu filho e no atrevimento dourado daquele grosseirão."

De vez em quando, mesmo através do cerimonial de rito que se desenvolve em audiência entre juízes e advogados e que deveria servir para encobrir com a dignidade da função pública qualquer indiscrição pessoal, acontece que sob a toga do magistrado transpareça a condição do homem privado, na qual uma palavra ou um gesto pode bastar para abrir involuntariamente uma fresta indiscreta. E pode acontecer então, especialmente quando isso sucede num pequeno tribunal do interior, onde vão terminar a carreira velhos juízes desesperançados, que se entreveja através daquele momento de abandono a estreiteza de uma vida infeliz e a tristeza de um pequeno mundo familiar limitado pelas necessidades da miséria.

Três episódios me vêm à mente, contados por advogados que os testemunharam. Quero contá-los porque, embora possam dar uma primeira impressão de comicidade, acabam deixando no coração uma sensação de grande amargor.

* *Certa feita, um advogado civilista sai de Florença especialmente para sustentar numa pequena cidade do interior uma causa diante do tribunal do lugar.*

Mal se abre a sessão, o presidente, um velho bonachão de aparência patriarcal, anuncia que é obrigado a adiar o debate, porque deve dar precedência a outra causa urgente, que ocupará toda a manhã. O advogado, contrariado por ter feito inutilmente a viagem, insiste em evitar o adiamento:

— Senhor presidente, vim de Florença só para isso; se não puder ser de manhã, adiemos para a tarde.

— Advogado, não é possível!

O advogado não esconde sua contrariedade; então o presidente, para acalmá-lo, diz sorrindo:

— Creia, não é possível mesmo. Entenda. Hoje à tarde preciso ficar em casa: já dei ordens para que me preparem o banho.

O advogado põe-se a rir e se resigna. (Mas seria mesmo o caso de rir? Ai, o que se entrevê por trás dessa explicação não é um mundo alegre! A pobre casa alugada onde não há banheiro; a tina de lata tirada de baixo da escada para essa ocasião e arrastada até o quarto, ao lado da cama; a movimentação de panelas na cozinha para preparar a tempo a provisão de água quente... Toda a família em confusão para aquela extraordinária cerimônia, que se celebra de vez em quando, do pater familias *que toma banho.)*

Um advogado contou-me que, numa causa defendida por ele, na qual se discutia sobre trezentos mil francos suíços (algo em torno de cinqüenta milhões de liras), teve a oportunidade, depois de publicada a decisão que lhe dava plena razão, de encontrar na rua o juiz relator, que o censurou brincando: — Quanto vocês, advogados, me cansaram com todos os seus escritos e os seus arrazoados, por uma causinha de tão pequena monta!

— Pequena monta? Tratava-se de trezentos mil francos suíços...

— Eu sei, eu sei; mas, francos ou liras, não é mais ou menos a mesma coisa?

(Aquele juiz não se lembrava de que o franco suíço equivale a cerca de quinhentas das nossas li-

ras. Defeito de ciência? Não, defeito de prática. Pensando bem, esta é outra prova da estreiteza em que vivem certos magistrados. O juiz com família para sustentar sequer sonhou em poder fazer uma viagem à Suíça e em informar-se por experiência própria das cotações do câmbio — o orçamento doméstico dos magistrados não lhes dá margem para se complicarem com problemas de moeda.)

Outro episódio do mesmo estilo me foi contado por um penalista sardo. Ele defendia um acusado de furtar lagostas. Os pescadores, quando a pesca é abundante, conservam uma parte das lagostas pescadas numa espécie de viveiro, constituído por gaiolas de tela metálica imersas no mar e ancoradas perto da praia; e todos os dias vão até lá se reabastecer, para levá-las frescas ao mercado. Ora, uma noite aconteceu que um barco de ladrões se aproximou do viveiro, e cortando a tela o saqueou.

O presidente do tribunal (que na verdade não era sardo) começa a interrogar um dos acusados:

— Então, conte-me como fizeram para roubar essas ostras.

— Senhor presidente — diz o advogado —, eram lagostas, não ostras.

— Sim — responde o presidente —, lagostas, ostras, não é tudo a mesma coisa?

— Para dizer a verdade, não é a mesma coisa...

(— Entenda — dizia-me meu colega, ao me contar o episódio —, era tão ignorante em matéria de zoologia, que nem mesmo conhecia a diferença entre uma ostra e uma lagosta... — E, ao contá-lo, ainda rebentava de rir.

Mas também este não é um caso para rir. Não se tratava de ignorância zoológica, mas de ignorância gastronômica. As ostras e as lagostas são pratos de ricos. Naquela modesta mesa familiar, em torno da qual se sentava todos os dias uma numerosa prole, nem ostras nem lagostas jamais haviam aparecido. Em seu orçamento doméstico, o velho magistrado inscrevera ostras e lagostas na mesma rubrica — animais exóticos, que não fazem parte das classificações zoológicas permitidas pelo estipêndio.)

XVIII

DE CERTAS TRISTEZAS E HEROÍSMOS DA VIDA DOS ADVOGADOS

Se o réu pobre e obscuro encontra a seu lado, mesmo nos processos mais disputados e perigosos, o defensor que fraternamente o assiste, isso significa que no coração dos advogados não encontra abrigo apenas a cupidez de dinheiro e a sede de glória, mas também, com freqüência, a caridade cristã, que impõe não deixar o inocente a sós com sua dor e o culpado a sós com sua vergonha. Há, porém, algo mais: quando alguém passa perto da violência que ameaça o direito e, em vez de prosseguir em seu caminho fingindo não ver, pára indignado para interpelar o prepotente, e sem cuidar do perigo que corre lança-se generosamente na briga para tomar a defesa do mais fraco, que tem razão, isso se chama coragem civil, que é virtude ainda mais rara que a caridade.

Isso deve ser lembrado aos que de bom grado continuam a gracejar, com motes antiquados, sobre a proverbial rapacidade dos advogados.

Vi no Palácio da Justiça, à porta de uma sala, um velho advogado que esperava, já de beca, sua vez de sustentar. Apoiado cansadamente no umbral, parecia estar em contemplação extática das mãos, que mantinha unidas sobre o peito em ato de prece, estranho e como que envolto em solidão no meio da multidão rumorosa de seus colegas. Mas, olhando-o mais de perto, percebi que não estava orando, mas contando no pulso, com olhos fixos no relógio, os batimentos do coração.

Um colega indiscreto sacudiu-o daquele isolamento, perguntando-lhe com brincalhona leviandade se estava com febre; e ele, como que despertando de um sonho, respondeu com voz surda: — De acordo com os médicos, os cardíacos não deveriam debater causas...

Somente então notei a palidez violácea daquela fronte, e nas têmporas, sob a pele como cera, o visível curso serpeante daquelas pequenas artérias, nas quais o vulgo acredita estar escrita a sorte de uma morte imprevista.

Mas o bedel anunciou sua causa e ele desapareceu na sala. Quando entrei, dali a pouco, vi com assombro que do velho advogado curvo e doente sairá, diante do banco da defesa, um robusto orador cheio de vida, que se acalorava na discussão, agitando ao gesticular aquele pulso no qual, um instante antes, espreitara o passo da morte a caminho.

Agora que estava em jogo a vitória de seu cliente, sequer lhe passava pela cabeça poupar aquele gesto mais rápido ou moderar aquela invectiva mais excitada, que poderia bastar por si só para abrir, no frágil equilíbrio daquelas pequenas artérias serpeantes, uma derradeira passagem.

A forma mais humana de caridade, a que menos trai a pressa com que o benfeitor procura voltar a sentir-se estranho às penas do beneficiado, não consiste em oferecer com precipitação alguma ajuda material para logo se afastar da dor, sem mais olhar para trás, mas em prestar ouvido paciente à narração das misérias alheias, de modo a dar ao sofredor que as conta o conforto de não se sentir sozinho para prová-las. Deixar quem sofre acreditar que o relato de seus males pode ser, para outros, objeto não só de piedade, mas de solícita consideração, significa ajudá-lo a vencer aquela pungente sensação de solidão diante da dor, que os doentes procuram afastar quando, pela décima vez, recomeçam a narrar para o médico todos os detalhes mais que sabidos, mesmo os mais crus e desagradáveis, da sua enfermidade.

Ora, os advogados praticam cotidianamente, como os médicos, essa forma de solidariedade humana que consiste em fazer companhia a quem se encontra face a face com a dor. Por isso, as profissões do advogado e do médico foram chamadas, melhor que profissões liberais, profissões de caridade. *Do mesmo modo que o doente gosta de se confiar aos médicos, mesmo que não tenha esperança de cura, o cliente, mesmo que não tenha esperança de vitória, procura ansiosamente o advogado, porque sabe que não conseguiria encontrar outra pessoa no mundo disposta a ouvir com igual paciência a narração detalhada de seus desagradáveis casos pessoais, que para quem os vive são grandes como o mundo, mas para qualquer outro interlocutor que não o advogado aparecem apenas como uma aborrecida enfiada de questiúnculas sem a menor importância.*

Acredita-se comumente que a missão específica do advogado seja fazer-se ouvir pelos juízes; na realidade, o ofício mais humano dos advogados é ouvir os clientes, ou seja, dar aos irrequietos o alívio de encontrar no mundo um confidente incansável de suas inquietudes. O cliente, ao sair do longo colóquio com esse confessor laico que, por vocação, se afeiçoa às secretas angústias alheias que lhe são confiadas em custódia, sente-se mais leve e como que purificado; percebe que, depois de se ter confiado a ele, a parte mais cruel das suas penas ficou magicamente apri-

sionada e domesticada naqueles papéis em que o advogado, enquanto o cliente falava, classificou seus suspiros nos artigos de lei adequados. Consumou-se, assim, uma espécie de benéfica reação química, em virtude da qual as agruras, esse tóxico sutil que antes circulava dissolvido no sangue, transformaram-se numa substância neutra, que já não queima os lábios e que se pode observar com distante serenidade, como um precipitado doravante insolúvel, bem visível na límpida proveta daquele farmacólogo das paixões, que é o advogado.

Quando o cliente aparece pela primeira vez em meu escritório, ele é, por definição, um chato. Se, assim que se apresenta, pudesse ler em meu coração o que penso dele, fugiria horrorizado. Mas depois, reprimido o primeiro impulso de rebelião, convido-o com um sorriso triste a sentar-se; enquanto isso, suspiro dentro de mim sobre a sina do advogado, a quem a sociedade confiou o delicado privilégio de ser o pára-raios dos importunos, encarregado de atraí-los a seu escritório e fazê-los descarregarem-se suavemente, naquela espécie de sala isolada, encou-

raçada com velhas pastas poeirentas, para que não ponham em perigo, explodindo livremente pelas ruas do mundo, a tranqüilidade das pessoas felizes.

O cliente, pois, senta-se diante de mim; e eu, com a resignação da vítima pronta ao sacrifício, convido-o a falar. Mas nos primeiros minutos não consigo prestar atenção naquilo que meu interlocutor conta; bem naquele momento, estimulado pela voz estranha do intruso que fala de duplicatas vencidas e de fornecimentos que não correspondem às amostras, meu pensamento sonha em se evadir para imaginárias plagas marinhas, nas quais não existam nem duplicatas, nem fornecedores; e aquele chato que me vem contar seus aborrecimentos pessoais (e eu, que nem ao menos o conheço, o que tenho a ver com seus interesses privados?) provoca em mim o efeito de alguém que, na hora em que eu ia subindo a escada do barco que levanta âncora, me agarra pelo paletó para me fazer perder o embarque.

Mas, à medida que o discurso progride, começo quase sem perceber a dar-lhe ouvidos. De início, o que mais me deixa curioso é a aparência externa do interlocutor: a fisionomia, o modo de vestir, os gestos. Antes do sentido das palavras, começo a notar o sotaque, as pausas e a construção das frases, que talvez revelem hesitações ou tortuosidades de pensamento; surpreendo-me fazendo mentalmente, em cada período de escuta, a estatística dos "então" ou o censo dos "como". Assim, pouco a pouco, minha profissão volta a se apoderar de mim; basta o sentido de algumas frases para dar-me a deixa de um primeiro diagnóstico: são tão poucos os esquemas abstratos a que, desde que o mundo é mundo, podem reduzir-se as desventuras humanas, que para uma primeira classificação não é preciso muito esforço. Mas depois, sob as características gerais, o caso adquire, no discurso do cliente, uma fisionomia própria cada vez mais marcante; percebo que há um ponto da história, aquele silenciado ou apenas aflorado, em torno do qual o narrador gira com ansiedade; descubro, sob aquelas frases hesitantes, uma vergonha que não ousa aflorar, uma aflição que não se quer confessar, quase o temor, dir-se-ia, de tocar numa cicatriz que ainda dói. Sinto então que os esquemas abstratos já não servem; preciso sair da genérica indiferença profissional, que gostaria de satisfazer-se com as aproximações, e abordar com respeitoso desejo de compreensão o caso individual, que não é comparável a nenhum outro, porque cada criatura humana é única e cada dor é nova.

Aqui devo interromper o discurso do cliente. Agora sinto necessidade de interrogá-lo, de trazê-lo de volta ao ponto de partida, de pedir-lhe explicações sobre as lacunas que seu discurso deixou. Os vários fragmentos da sua narrativa tendem a coordenar-se e a soldar-se através dessa minha investi-

gação. Os papéis ficam invertidos, portanto: era ele que me oprimia com seu relato, agora sou eu que o acosso com meu interrogatório. E quando finalmente consinto em deixá-lo calar-se, seu coração se esvaziou: seu caso tornou-se meu caso. Agora sei mais a respeito dele; seu caso, transcrito em bela caligrafia em meu pensamento, ordenou-se e esclareceu-se; adquiriu em minha mente uma justificação lógica que antes não sabia que tinha. E se quiser saber como ela se desenrolou, doravante será ele que me deverá pedir explicações.

Quando o cliente vai embora, o mundo do advogado fica povoado por uma nova experiência, ou seja, por um pesar a mais, mas também por mais uma razão para ele sentir-se afeiçoado à vida. Entrara um chato, mas debaixo dele descobriu-se um fraco a ser aconselhado, um inocente a ser defendido, talvez um amigo a ser consolado. Assim, o advogado permanece sozinho em sua sala, acariciando seus fiéis códigos; a idéia de pegar um barco desapareceu — deve ficar em terra, onde há tanto a fazer.

Para continuar tolamente a descrever os advogados como vampiros de seus clientes, é necessário não ter assistido às últimas horas de um advogado florentino, cujo fim inesquecível pareceu, aos colegas que o viram morrer em pleno vigor da idade, exemplar e quase simbólico.

Nos primeiros dias da doença, não quis confessar nem a si mesmo que estava sentindo-se febril e continuou obstinadamente a costumeira vida de trabalho sem descanso e sem piedade, com as horas diurnas todas ocupadas pelo desgaste provocado pelas audiências e pelos clientes, com as da noite consagradas, até quase o raiar do dia, a escrever petições, páginas e mais páginas, no silêncio da sua biblioteca. Mas a febre, que sob a aparente robustez encontrava a devastação consumada por essa dissipação continuada ao longo de décadas, abateu-o de um golpe. A contragosto e quase com vergonha, teve de se deixar arrastar para a cama, embora protestando debilmente que se tratava de um mal-estar passageiro e que no dia seguinte, sem falta, voltaria ao escritório. Não se levantou mais daquela cama. Lutou por alguns dias, obstinando-se em que lhe trouxessem do escritório os autos das causas mais urgentes, na ilusão de poder estudá-los, recostado nos travesseiros. Mas, quando percebeu que os olhos e a cabeça não lhe obedeciam mais, começou a se lamentar com seus familiares, como uma criança, pela demora da doença que o impedia de trabalhar, e a atormentar o médico, explicando-lhe angustiadamente que os advogados não se podem dar ao luxo de ficar doentes: — Que importam os remédios! O que está em jogo são os interesses dos clientes, os prazos que vencem!

Com o agravamento do mal, a preocupação com os processos tornou-se uma obsessão; em certos momentos, tomado por uma espécie de delírio raciocinante, ditava trechos desconexos de argumentações jurídicas e voltava-se discursando para os juízes, como se estivessem ali, ao pé da cama, sentados a escutá-lo. Depois, toda a sua energia concentrou-se numa só idéia: na discussão de certo recurso em cassação, já marcado para uma audiência próxima, cujo adiamento não lhe parecia possível pedir, porque, dizia, "o adiamento seria uma vergonha". E repetia arquejante, com aquela invencível obstinação dos doentes que têm uma fixação: "... uma vergonha". Assim, naqueles últimos dias, não teve outro desejo senão o de conseguir que o médico, como se dependesse dele, o fizesse ficar bom antes daquele julgamento; precisava de qualquer jeito estar em condições de viajar naquele dia para Roma, a fim de participar da sessão. Na sua mente perturbada, ela adquiria uma importância decisiva e quase fatal, não apenas para a sorte daquele recurso, mas também para o destino da sua vida: — Se não puder ir sustentar esse recurso, serei um homem acabado; se não conseguir que esse recurso seja acolhido, não poderei mais sarar...

Então, já que toda esperança de cura se esvaía, os amigos, para tranqüilizá-lo, arquitetaram um piedoso engano: conseguiram, sem que ele soubesse, que o julgamento fosse adiado para muito mais tarde. Mas no dia em que ele deveria realizar-se, para evitar-lhe a notícia do adiamento, que poderia parecer-lhe de mau agouro, fizeram vir de Roma um telegrama anunciando que o recurso, sem necessidade de debates, fora plenamente acolhido.

O telegrama chegou quando ele já estava agonizante. Mas, quando o leram para ele, abriu os olhos um instante e sorriu, murmurando: "... então tenho de sarar". Essas foram suas últimas palavras e, talvez, seu último pensamento. Em torno da cama, estavam a mulher, os filhos e alguns colegas de escritório; mas o último sorriso foi para aquela notícia, para aquele anúncio de justiça que, em seu pensamento de moribundo, confundia-se com o anúncio da cura.

Morreu, sem dúvida, sem atinar para isso, sereno por não ter faltado com seu dever e não ter comprometido, com esse importuno e desimportante contratempo da doença, a única coisa que em sua consciência contava: a vitória do cliente, que para a defesa de seu direito confiara nele.

Não era nem um herói, nem um santo — era, simplesmente, um advogado.

★ *Um penalista muito modesto, que não tinha grandes criminosos a defender no tribunal do júri e levava a vida patrocinando pequenas causas de contravenções na pretura, viu-se repentinamente sem trabalho, no dia em que foi publicado um decreto de ampla anistia, que beneficiou a todos os seus clientes.*

Como um artigo do código penal diz que a anistia "extingue" o delito, distribuiu um cartão de visita, com uma tarja negra como a de um anúncio fúnebre:

adv. N... N...
extinto por anistia.

★ *Em geral, os advogados trabalham sem se poupar até o último suspiro — "para chegar à morte sem pensar nela", confessou-me um velho advogado, a quem eu perguntara ingenuamente por que, depois de tanto trabalho, não descansava um pouco.*

Mas pode acontecer também, algumas vezes, que um advogado seja tão longevo a ponto de sobreviver à sua profissão. Esta é, sem dúvida, a mais implacável de todas as sortes que lhe poderiam caber: aquele escritório que ficou deserto, aqueles livros que ninguém mais folheia, e ele sentado imóvel atrás daquela mesa, à espera dos clientes que não o procuram mais.

Em Siena, nos meus primeiros anos de ensino universitário, encontrava com freqüência um velho reto e digno, sempre vestido de preto, que passeava lentamente sempre pelas mesmas ruas, para cima e para baixo, como se esperasse alguém que não chegava. Um dia, um professor meu colega, já sessentão, apontou-o para mim: — Aquele é meu pai. Está com quase noventa anos. Era advogado e muito reputado, tinha muitos clientes! Mas agora teve de fechar o escritório, porque todos eles morreram.

XIX

DE UMA CERTA COINCIDÊNCIA DOS DESTINOS DE JUÍZES E ADVOGADOS

O advogado — *Feliz de você, juiz, que pode seguir no seu trabalho o ritmo regular do horário comercial e ouvir à sua volta, quando trabalha, o repousante silêncio do tribunal ou o secreto recolhimento da câmara de conselho. Quando a corte entra, todo sussurro se cala. Seu trabalho se desenrola longe dos tumultos, sem imprevistos e sem precipitações; você ignora a ansiedade do improviso, as surpresas de última hora; não precisa quebrar a cabeça para encontrar os argumentos, porque deve apenas escolher entre os que foram encontrados por nós, advogados, que realizamos para você o duro trabalho de escavação; e, para melhor meditar sobre a sua escolha, tem o dever de sentar-se em sua cômoda poltrona, enquanto os outros homens sentam-se para descansar — "sessão" (ato de assentar-se) é como se chama, para você, o período de maior trabalho. Já a lide do advogado não conhece nem horário, nem trégua. Cada processo abre um novo caminho, cada cliente suscita um novo enigma. O advogado deve estar presente simultaneamente em cem lugares, assim como seu espírito deve seguir ao mesmo tempo cem pistas.*

Pertencem aos clientes, não a ele, até mesmo suas horas noturnas, que talvez sejam aquelas em que ele tormentosamente elabora para eles os mais preciosos argumentos. Ele é, material e espiritualmente, a inquietação multiforme sempre alerta, do mesmo modo que você é, juiz, a olímpica imobilidade, que espera sem pressa.

O juiz — *Mas você não sabe, advogado, que tumulto de indagações, que ondas de incertezas às vezes se agitam sob a aparente imobilidade do magistrado sentado. Se com freqüência durante a noite você ouve bater na sua porta a petulância do cliente importuno, com freqüência ainda maior sinto até o amanhecer martelar em meu coração insone a angústia da dúvida. Que juiz poderia dormir na véspera de uma sentença de morte? E depois o peso da condenação pronunciada recai inteiro sobre o juiz: o medo do erro, o angustiante pensamento de talvez ter agrilhoado a inocência obseda-o e verga-o. Os juízes não sabem mais rir, porque em seu rosto se imprime com os anos, como numa máscara, a dor da piedade a ser combatida com o rigor. Quando com sua defesa você cumpriu seu dever, advogado, você pode esperar sereno o desenrolar dos acontecimentos; mas o juiz, se consegue ser impassível, não pode mais ficar sereno.*

O advogado — *Você acha que o advogado fica sereno? Não percebe, então, do alto da sua cadeira, que os advogados envelhecem precocemente e passam pela vida mais depressa que você? O advogado vive cem existências em uma, consomem-no juntas as preocupações de cem destinos diferentes. Ainda que uma semana por ano consiga isolar-se no alto de uma montanha ou a bordo de um veleiro, acompanham-no inexoráveis, em suas férias, as dores, a cupidez, a esperança das pessoas que nele inocularam impiedosamente suas penas, para delas se livrarem. Mesmo não se importando com o dinheiro, tem de brigar para conservar o dinheiro de seus clientes; mesmo sendo um homem reto, deve perder o sono por causa da desonestidade alheia; mesmo sendo um coração pacífico que prefere deixar-se roubar por seu criado para não ter o aborrecimento de verificar as contas que este lhe apresenta, deve envenenar sua existência para verificar as contas apresentadas pelo criado alheio.*

E, já que você falou da ansiedade de julgar, acaso imagina o tormento do advogado, o qual sabe, ou pensa saber, que da sua habilidade depende em grande parte como você irá julgar? Cabe a ele encontrar o argumento capaz de convencê-lo, e, quando você erra, a culpa é do advogado, que não conseguiu detê-lo a tempo à beira do erro. Ninguém conseguirá descrever a angústia do advogado que sabe que seu cliente é inocente mas não consegue demonstrá-lo; que se sente inferior e impotente dian-

te da mestria ou das armadilhas do advogado adversário; que, depois da derrota irreparável, encontra finalmente, mas demasiado tarde, o argumento que lhe teria assegurado a justa vitória.

O juiz — *Compreendo. No entanto, que prêmio é para o advogado conseguir a vitória no fim de certos julgamentos! Durante todo o processo, o centro de todas as curiosidades e de todas as simpatias é ele, o defensor; o público vive em sintonia com suas palpitações, exalta-se com sua eloqüência. O juiz fica no fundo da sala, silencioso e passivo, como um inútil complemento decorativo da cena; e se por fim a verdade triunfa, o aplauso e a comoção não vão para o juiz, que soube destilá-la no tumulto de seu coração, mas para o advogado, o qual sempre aparece como o triunfador da justiça, a quem cabem, em prêmio pelo obscuro tormento do juiz, a glória e a riqueza.*

O advogado — *Não fale de riqueza! Você sabe que o verdadeiro advogado, aquele que dedica toda a sua vida ao patrocínio, morre pobre. Só ficam ricos os que, sob o título de advogados, são na realidade comerciantes, rufiões ou até mesmo, como costumam ser certos especialistas em processos de divórcio, desenvoltos alcoviteiros. Quanto à glória e ao reconhecimento da clientela, você deveria ser grato ao advogado que, colocando-se como intermediário entre você e seus clientes, poupa-lhe a neces-*

sidade de encará-los. Você conhece o mundo através da palavra do advogado, que lhe apresenta com boas maneiras e belo estilo forense o caso já isolado das escórias da realidade bruta e já traduzido em compreensíveis termos jurídicos. Mas todas as presunções dos litigantes, todas as suas loucuras e todas as suas vilanias deságuam, antes de aparecerem nos tribunais, no escritório do advogado, que suporta seu primeiro choque e efetua sua primeira purificação à luz não apenas dos códigos, mas também da gramática e das boas maneiras. Ele é, para você, o clarificador e o polidor da grosseira realidade, aquele que limpa os fatos da lama a que vivem mesclados para apresentá-los limpos e floridos, com uma mesura, à sua mesa.

Mas não creia que o advogado seja confortado, nesse duro trabalho de desbastamento e de desinfecção, pela gratidão dos que recorrem a seus bons ofícios. Se ele se arrisca a explicar cortesmente ao cliente que um advogado não é feito para servir de biombo às suas mentiras, o cliente se ofende; se o desaconselha a mover uma ação temerária, o cliente julga-o pusilânime; se o adverte de que, para não entediar os magistrados, é necessário ser sóbrio no escrever e no falar, o cliente julga-o um preguiçoso. Quando o advogado consegue, à custa de sabe-se lá quais esforços, ganhar uma causa que parecia desesperada, o cliente dá a entender que deve agrade-

cer pela vitória, mais que à qualidade da defesa, a certa recomendação de um amigo de família, que interveio a tempo, sem o defensor saber; quando a perde, o cliente fica convencido de que seu advogado deixou-se corromper pelo adversário; quando é adiada porque o juiz vai sair de férias, é culpa do advogado, que quer ganhar mais prolongando-a...

E não falemos do impiedoso desleixo com que o cliente se esquece de que mesmo as forças do advogado têm um limite, de que ele também é um homem sujeito ao cansaço e à doença. Se, ao cliente que conta pela décima vez sua história, o advogado observa com um pálido sorriso que não pode continuar a ouvi-lo porque está com febre, ele o fita atônito, sem compreender, e retoma incontinenti o fio do seu discurso, pois, se o advogado tem o dever de se interessar por seus problemas particulares, ele não tem o dever de se interessar pelos problemas particulares do advogado.

O juiz — *Mas o ofício do juiz também é implacável — e muitas vezes também você, advogado, é implacável com os juízes. Às vezes, no coração do homem que senta em audiência vestindo a toga ardem as paixões da dolorosa humanidade: a angústia de um amor traído, a ansiedade provocada por um filho moribundo. Mas essas vozes devem calar na audiência; o coração do juiz deve estar livre, mesmo quando nele se agitam seus mais secretos afetos.*

Ele, que como homem sente que a questão sobre a qual deve decidir é cem vezes menos importante que a sua dor, deve considerá-la uma desprezível miséria diante da questão que é chamado a julgar, por mais fútil que ela seja. E, enquanto o homem soluça pensando no filho que morreu ontem, o magistrado deve prestar atenção no defensor, que sem piedade fala há três horas para lhe contar qual foi o motivo pelo qual o inquilino não pagou o aluguel.

O advogado — *Você acusa o advogado de não ter piedade de você que o ouve, como se ele continuasse a falar por gosto. Nunca lhe passou pela cabeça o tormento de quem, convencido de defender uma causa justa, fala para transmitir aos juízes sua convicção, e, percebendo que não consegue, obstina-se desesperadamente em falar, apesar de suas forças se debilitarem, com a terrível sensação de que deve acrescentar mais alguma coisa, à custa da vida, para que triunfe a verdade? Você nunca viu, do alto do seu assento, o defensor empalidecer enquanto fala e levar por um segundo a mão ao coração, com um rápido gesto esvoaçante, que logo o fluxo do discurso suplanta?*

E se a morte não o colhe na metade da sustentação, pouco a pouco, com a velhice, vem a inconsolável solidão. Mesmo os clientes dos advogados seguem a moda e preferem a segura audácia dos jovens à trêmula sabedoria dos velhos. E os velhos ficam sós, em seus escritórios empoeirados que ninguém mais visita, deixando os olhos correrem, nas longas horas de ócio, pelas estantes que há cinqüenta anos guardam os inúteis dossiês, que os netos, sem mais tornar a abrir, jogarão no lixo.

O juiz — *Mais sozinhos ainda ficam os velhos magistrados aposentados. Despojados dos dourados e do arminho, tornando-se frágeis velhotes desocupados que buscam um pouco de sol nos bancos dos jardins públicos e passam seus dias rememorando o burburinho de dedicados amigos que tinham à sua volta quando estavam na ativa, e que se dispersaram de repente, quando se aproximou a compulsória. E, se para complementar a aposentadoria e não ficar longe dos tribunais tentam dedicar-se à advocacia, a solidão desses velhos principiantes, perdidos em meio à multidão dos advogados jovens, é ainda mais profunda e mais melancólica.*

O advogado — *Nossa vida é assim, juiz; será essa afinal nossa sina, se nos for dado envelhecer. No entanto, sinto que não gostaria por nenhum preço de mudar esse meu destino.*

O juiz — *Nem eu, pois parece-me que, entre todas as profissões que os mortais podem exercer, nenhuma outra pode servir melhor para manter a paz entre os homens que a do juiz que saiba ser puro ministrador daquele linimento de toda ferida, que se chama justiça. Por isso, até o fim da minha vida pode parecer doce e sereno, embora solitário, pois sei que a consciência de ter dado a melhor parte de mim mesmo para a justa felicidade dos outros me proporcionará tranqüilidade e esperança, na hora do derradeiro suspiro.*

Nessa esperança, advogado, nossos dois destinos irão se encontrar quando de sua consumação terrena. Por essa metade comum podemos, como irmãos, dar-nos a mão.

ÍNDICE

IMPRESSÃO E ACABAMENTO

YANGRAF

GRÁFICA E EDITORA LTDA.
TEL/FAX.: (011) 218-1788
RUA: COM. GIL PINHEIRO 137